TOPICAL FRENCH

Phyllis Rosenberg

LONGMAN

Contents

1

Le temps qu'il fait

Circulation difficile en Auvergne

La neige qui est tombée, parfois en abondance sur le Puy de Dôme et dans le Cantal au-dessus de 800 mètres a rendu la circulation difficile sur certaines routes de montagne.

Dans le Puy de Dôme et particulièrement dans les monts Dore les cols de la Croix-Saint-Robert, de la Croix-Morand et du Guery ont dû être fermés. Une dizaine de voitures circulant entre le mont Dore et Orcival sur une route départementale ont été retardées par des congères en formation.

a

Tempête en Italie

Le mauvais temps a causé de graves dommages en Italie au cours des dernières vingt-quatre heures.

En montagne, des tempêtes de neige ont isolé de nombreux villages dans les Dolomites, le Haut-Adige et la Vénétie.

En plaine, des pluies torrentielles ont provoqué des inondations et des glissements de terrain. Le Pô est en crue.

Sur le littoral la mer démontée a causé des dégâts aux installations portuaires et contraint la plupart des flotilles de chalutiers à l'inactivité.

b

La Météo

Voici, selon la Météo nationale, les prévisions pour le week-end : Un courant océanique balaiera l'ensemble du pays.

SAMEDI

De l'Aquitaine à la Bretagne, au Nord et à l'Alsace, le temps sera très nuageux ou couvert, avec des pluies. Ce type de temps gagnera rapidement le quart sud-est du pays, tandis que sur la Bretagne et le Cotentin il deviendra plus variable avec quelques éclaircies peu durables et de nombreux passages nuageux, accompagnés d'averses plus fréquentes sur le littoral.

Des chutes de neige seront observées en montagne aux alentours de 1,000 mètres. Les vents d'ouest à nord-ouest seront modérés à assez forts. Ils se renforceront notablement sur le littoral méditerranéen. Les températures sur l'ensemble du pays subiront une baisse de trois à six degrés.

DIMANCHE

Après des éclaircies nocturnes et matinales, plus belles et plus durables dans le Midi, le temps redeviendra nuageux à très nuageux, avec averses de pluie en plaine, de neige en montagne au-dessus de 800 mètres. Les vents de secteur nord-ouest seront modérés à assez forts.

Sur le littoral méditerranéen ils faibliront lentement au cours de l'après-midi. Les températures seront du même ordre que celles de la veille. Cependant, à la faveur des éclaircies nocturnes et matinales, quelques gelées blanches sont à craindre, au lever du jour, du Massif central à l'Alsace et à la Champagne.

France-Soir

c

Vocabulary

congère (m) - neige amoncelée par le vent
en crue (f) - les eaux montent
littoral (m) - côte
mer démontée - mer très agitée
chalutier (m) - bateau de pêche
portuaires - appartenant au port

Exercises

1. Translate a.b. and c. into English

2. Explain in French the meaning of:
   une éclaircie, une baisse, le lever du jour.

3. Use the following verbs in French sentences to show their meaning:
   circuler, se renforcer, être à craindre.

4. Give an account in French of the weather you experienced in your part of the country yesterday. (100 words)

5. Translate into French:
   Since yesterday the weather has improved in the northeast of England. Snow which had isolated several villages near the coast has begun to melt, but floods are expected to make traffic difficult on low-lying roads. In many places where severe snow-storms have caused drifts, the roads may not be clear before the week-end.
   In South Wales and the west of England on the other hand, rainstorms are expected[1] before nightfall, followed by cloudy, showery weather, with occasional breaks in the clouds, especially near the coast.

   [1] use 'on'

La météo: week-end frais

LA METEO WEEK-END FRAIS

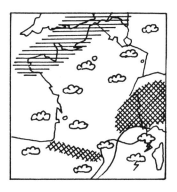 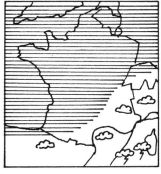 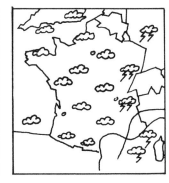

Voici, selon la Météo nationale, les prévisions pour le week-end :

Entre un anti-cyclone atlantique recouvrant les îles britanniques et une dépression méditerranéenne, les vents de Nord-Est frais se maintiendront sur la France.

POUR LA PROVENCE, LE LANGUEDOC ET LE ROUSSILLON, temps très nuageux, et frais. Vents Nord-Ouest modérés.

COTE-D'AZUR, CORSE, pluies et orages par intermittence. Vents parfois assez forts. Température anormalement basse pour la saison; 10 degrés le matin, 13 degrés à 16 degrés l'après-midi.

REGION NORD-OUEST et NORD, temps couvert, rares éclaircies, vents nord-est assez forts, mer agitée sur les côtes de la Manche. Température 8 à 10 degrés.

BASSIN PARISIEN, très nuageux le matin, éclaircies l'après-midi. Vents nord-est modérés. Minimum 4 à 6 degrés; maximum 13 degrés.

PYRENEES, ALPES, quelques précipitations, neige au-dessus de 800 mètres environ; vents du nord faibles ou modérés.

AUTRES REGIONS, temps médiocre, faibles pluies, vents du nord faibles ou modérés. Températures inférieures aux normales.

France-Soir

Expansion

1. A quoi sert la prévision du temps?

2. Pour qui a-t-elle une importance exceptionnelle?

3. Quel genre de temps est le pire pour:
>>> l'automobiliste?
>>> le pêcheur?
>>> le pilote d'avion?

4. Selon les prévisions ci-contre, quel temps fera-t-il dimanche matin:
>>> au Havre,
>>> A Bordeaux,
>>> dans les Pyrénées orientales?

5. samedi soir:
>>> à Marseille,
>>> au Mans,
>>> dans les Iles Normandes?

6. dimanche soir:
>>> au Bourget,
>>> en Corse,
>>> à Dunquerque?

7. Expliquez ce que c'est que le temps couvert, une dépression méditerranéenne, une température anormalement basse.

8. On entend quelquefois à la radio:
>>> que les routes sont verglacées,
>>> qu'il y a risque de verglas,
>>> qu'il y a une température presque estivale,
>>> qu'une faible gelée est probable,
>>> que le temps est en faible baisse,
>>> que la température est faiblement négative,
>>> que le dégel a commencé,
>>> que les routes sont dégagées.

Expliquez ces phrases.

9. Il y a des gens qui remarquent toujours le temps qu'il fait, et qui sont de mauvaise humeur dès que le vent souffle du nord. Etes-vous plus heureux quand il fait beau, par exemple?

2

Tragédie de l'air

Un avion s'écrase sur l'autoroute

HAMBOURG, mardi
« J'ai vu brusquement une grande ombre au-dessus de ma voiture. A plusieurs centaines de mètres devant moi, un avion s'est posé sur la chaussée dans un crissement de pneus et a glissé sous un pont. Un gros morceau d'une aile a été arraché et les débris se sont éparpillés sur l'autoroute. J'ai freiné à mort et me suis arrêté sur le bas-côté. »

Il était 17 h 20, hier, sur l'autoroute Hambourg-Kiel, à quelques kilomètres du grand port ouest-allemand, quand l'accident décrit par un automobiliste, M. Peter Karsten encore sous le coup de l'émotion, s'est produit. Un avion charter d'une compagnie allemande, la Pan International, établie à Munich, venait de décoller de l'aéroport Fuhlsbüttel de Hambourg. A bord de l'appareil, un bi-réacteur moyen-courrier BAC-III de construction britannique, se trouvaient cent quinze touristes qui allaient passer des vacances à Malaga et six membres d'équipage.

Soudain, une minute après le décollage, l'un des réacteurs, pour une raison inconnue, s'arrête. Le pilote, Reinhold Huels, 32 ans, un aviateur expérimenté – 4.000 heures de vol – lance un signal de détresse et fait demi-tour.

Mais les liaisons radio avec l'aéroport d'Hambourg sont coupées. Il tente alors un atterrissage de fortune sur l'autoroute Hambourg-Kiel.

Après avoir évité plusieurs ponts, il trouve enfin une portion plus dégagée et sans grande circulation. Il ne peut cependant freiner à temps avant un dernier pont. Les ailes du BAC-III sont arrachées. Le fuselage continue sa course, s'arrête enfin et explose.

Les passagers ont brisé les vitres pour s'échapper de l'avion en feu tandis que d'autres sautaient par les issues de secours avec l'équipage.

Peu après policiers, pompiers, ambulances sont sur les lieux. Les débris de l'avion, éparpillés sur un rayon de 3 kilomètres, la profonde tranchée qui laboure l'autoroute, font croire qu'il y a peu de survivants. Pendant plusieurs heures la plus grande confusion règne.

Dans la nuit, on apprenait que 61 passagers, miraculeusement indemnes, s'étaient fait connaître aux agents de la compagnie, tandis que 45 étaient transportés à l'hôpital où 3 d'entre eux devaient succomber. Le bilan actuel s'élève à 25 morts.

France-Soir

Vocabulary

rayon (m) – moitié du diamètre
indemnes - pas blessés
bilan actuel (m) - nombre (de morts) en ce moment
bi-réacteur (m) - muni de deux propulseurs aériens
moyen-courrier (m) - avion de transport pour distances moyennes
décoller - quitter le sol

Exercises

1. Translate the article into English.

2. Give a French definition of:
   *un avion charter, un équipage, un aviateur
   expérimenté, un survivant.*

3. Use the following verbs in French sentences to show
   their meaning:
   freiner, décoller, succomber.

4. Retell the story on the opposite page briefly in French
   with the pilot as the narrator. (200 words)

5. Translate into French:
   The jet plane in which I was travelling had just taken
   off from Hamburg with about 115 passengers on board.
   We were on our way to Malaga for a fortnight's holiday.
   My wife and daughter, who were flying for the first time,
   were just beginning to settle down when one of the
   engines seemed to stop. People looked at each other in
   alarm, and then in growing terror as the plane began to
   lose height[1] and was plainly looking for a place to land.
   Through the windows we could see the motorway below
   coming nearer, until at last, with a terrible crash, we
   struck the road and exploded.
   We all knew the fire would reach us in seconds. Those
   sitting near the windows tried to break them; others escaped
   by the emergency exits. We were lucky to be able to get out
   quickly, and to be among the 61 passengers who were
   miraculously unhurt.

[1] descendre

Section 2

Consignes de sécurité

British airways Trident

Consignes de sécurité
Votre sécurité est notre souci principal et il est prudent de savoir ce qu'il faut faire en cas d'urgence. Prière de lire attentivement. En cas d'urgence vous devez obéir à l'équipage.

Ceintures de sécurité
Les ceintures de sécurité doivent être attachées pour le décollage, l'atterrissage, et chaque fois que le panneau lumineux s'allume. (Les personnes ayant des bébés dans les bras doivent attacher leurs ceintures de la même façon et serrer l'enfant dans leurs bras). Notez comment les détacher. Vous pouvez quitter votre siège lorsque le signal n'est pas allumé. Toutefois, lorsque vous êtes assis nous vous conseillons de garder la ceinture attachée.

Fumer
Il ne faut pas fumer pendant le décollage et l'atterrissage ou en cas d'urgence. Lorsqu'il est interdit de fumer le signal 'No Smoking' s'allume.

Position de sécurité
a Les passagers dont les sièges sont dirigés vers l'arrière de l'appareil.
b Les passagers assis dans le sens de la marche.

Rampes de Sauvetage
Des rampes de sauvetage se trouvent à bord permettant aux passagers d'atteindre le sol sans employer l'échelle de l'Aéroport. Cette opération sera dirigée par l'équipage.
S'il est nécessaire de les utiliser, des membres de l'équipage ou des passagers volontaires descendront à terre pour mettre la rampe en place comme indiqué. Il est interdit de sauter sur la rampe. S'asseoir sur le seuil de la porte, raidir les jambes avec les mains sur les genoux, et se laisser glisser.

Instructions en cas d'atterrissage forcé
Si l'équipage annonce une situation d'urgence, restez calme, repérez les issues de secours, et exécutez les ordres de l'équipage, qui seront.
1 Eteignez vos cigarettes.
2 Débarrassez vous de tout objet pointu.
3 Assurez-vous que le dossier de votre fauteuil est vertical et serrez bien la ceinture.
4 Descendez le bras central de votre fauteuil (s'il y en a un).
5 Au coup de sifflet adoptez la position de sécurité telle qu'elle est illustrée.
6 Gardez la position jusqu'à l'arrêt de l'avion avant de desserrer la ceinture.
Dans le cas d'un amerrissage, l'équipage vous demandera de desserrer vos vêtements, surtout autour du cou, d'enlever vos chaussures, d'enfiler le gilet de sauvetage rangé sous votre fauteuil.

votre gilet de sauvetage
Un gilet de sauvetage est placé sous chaque siège
Les adultes ne doivent pas gonfler leur gilet avant de quitter l'appareil.

Croisez les sangles derrière le dos à la taille.
Faites un nœud serré avec les sangles sous le gilet.

Après avoir quitté l'avion
a Pour le gonflage tirer vers le bas la poignée ou les petites boules rouges.
b Si nécessaire, utiliser le tube de gonflage buccal, ou la clé de dégonflage.
c Signal lumineux automatique.
d Sifflet.

Instructions spéciales aux adultes concernant les enfants
Gonfler le gilet dans l'appareil en tirant la poignée ou les petites boules rouges. Mettre le gilet gonflé sur l'enfant, par la tête. Croiser les sangles d'attache autour du corps de l'enfant et ensuite autour du gilet. Fixer par un double nœud.

Expansion

1. On trouve des consignes de sécurité semblables dans tous les avions de ligne. Pourquoi?

2. A quoi sert une rampe de sauvetage?

3. Pourquoi est-il interdit de fumer pendant le décollage?

4. En cas d'urgence, que faut-il faire?

5. A quoi sert un gilet de sauvetage?

6. Qu'est-ce qu'un amerrissage?

7. Aimez-vous voyager en avion?

8. Pensez-vous qu'on y coure moins de danger que sur les autoroutes?

9. Voudriez-vous franchir le mur du son?

10. Quels sont les avantages d'un voyage si rapide? Et les inconvénients?

A discuter

a. La rapidité des transports a rétréci le monde.

b. A cause de ce progrès, il y a des plaisirs dont nous ne jouissons plus . . . . . .

3

Vacances

La **CORSE** située à 170 km des côtes françaises, à 83 km de l'Italie Péninsulaire, à 12 km de la Sardaigne, est l'une des trois grandes îles de la Méditerranée.

Elle a 183 km de long, 83 km de large, une superficie de 8 720 km2. *carré*

Elle possède une population relativement faible dont 1/3 environ est concentré dans les deux villes principales. Aussi de grandes étendues restent-elles inhabitées et il y a beaucoup d'espaces libres, dans ses montagnes, ses forêts et ses plages.

Ses sommets culminent à plus de 2 000 mètres, et son altitude moyenne atteint près de 700 mètres. Ses côtes se déroulent sur plus de 1 000 km avec plus de 400 km de plages de sable fin.

C'est l'île idéale des vacances.

La Corse n'a pas un climat uniforme; elle en a au moins trois qui correspondent chacun à une altitude différente variant de 0 à 2 000 mètres. On peut donc selon la saison et la région où l'on désire passer ses vacances, séjourner en montagne pendant l'été dans la région alpine, chasser et pêcher sur les pentes de moyenne altitude au printemps et en automne, se baigner sur la côte pendant plus de six mois de l'année.

La côte a un climat chaud et sec l'été (moyenne de juin : $19°$, moyenne de juillet-août : $22°$) et un climat doux en automne et au printemps (moyenne de septembre : $20°$, d'octobre : $16°$, d'avril : $12°$).

Sauf de courts orages il ne pleut pratiquement pas de juin à octobre et le bain est possible pendant toute l'arrière-saison exceptionnellement douce.

En fait, le bain de mer est agréable de mai à novembre car la température de l'eau ne descend pas au-dessous de $15°$ pendant cette période et atteint même $25°$ pendant le mois d'août.

French Government Tourist Office

Aural Comp Questions

① How far is Corsica from (a) the french coast (b) Peninsular Italy (c) Sardinia?

②

Vocabulary

superficie (f) - étendue d'une surface
arrière-saison (f) - fin d'automne

Exercises

1. Translate the extract into English.

2. Explain in French the meaning of:
   un climat uniforme, une altitude moyenne, une étendue inhabitée.

3. Make French sentences to show the meaning of the following:
   un tiers, dérouler, un espace libre.

4. Décrivez une région de l'Angleterre, ou de n'importe quel pays, que vous connaissez bien. (200 mots)

5. Translate into French:
   Corsica is an island in the Mediterranean belonging to France. It is said to be the most romantic of all the islands off the French coast. The country is rough and mountainous, and much of it is covered with forests and maquis. The wild uninhabited interior is ideal for holidaymakers who wish to spend their days hunting and exploring, while the rocky coastline offers beautiful beaches with fine sand for those who like sea bathing. Another advantage is that the climate is mild and dry — in fact it hardly rains at all. Because of the lack of rain however, little is grown in Corsica except grapes and olives, early fruit and vegetables,[1] and chestnuts. Otherwise the island depends mainly for its livelihood on sheep-rearing, fishing, and its hundreds of tourists every year.

[1] primeurs

L'île de Corse

LOCALITES HOTELS ADRESSES		Ouv.	Tél.	CHAMBRES Nb.	Min.	Max.	P.D	P.R	PENSION COMPLETE Min.	Max.	SITUATION
AJACCIO											
Campo dell'Oro (Rte de l'Aéroport)	****	TA	21.32.41	140	35	110	inclus	25	75	150	V
Gd Hôtel Continental (Crs Grandval)	****	TA	21.41.16	75	30	65	6	25	75	90	V
Castel-Vecchio *Rte d'Alata*	***	TA	21.31.12	45	42	75	cp	23	83	165	V
Costa (2, Bd Colomba)	***	TA	21.43.02	53	50	75	cp				
Etrangers (Rue Rossi)	***	TA	21.01.26	47	25	90	cp	20	55	90	
Fesch (7, Rue Fesch)	***	TA	21.50.52	37	40	70	5	12			
Impérial (6, Bd Albert 1er)	***	TA	21.50.62	58	45	65	cp	20	67	85	V
Rallye (Route de Mezzavia)	***	TA	21.32.07	54	30	60	5	15	51	80	V
Caravelle (7, Av. Col. Colon. d'Ornano)	**	TA	21.13.48	18	26	44	cp				
Golfe (3, Bd Roi-Jérôme)	**	TA	21.47.64	43	30	60	5	20	70	80	V
Idéal (77 bis, Crs Napoléon)	**	TA	21.55.51	17	20	40	4				
Marengo (Rue Marengo)	**	TA	21.43.66	22	25	50	4				
Mouettes (9, Crs L. Bonaparte)	**	TA	21.44.38	20	32	65	inclus				V
Pergola (25, Av. Col. Colon. d'Ornano)	**	TA	21.10.72	16	30	40	5				
Rivoli (Route de Mezzavia)	**	TA	21.31.97	14		40	5				
Solemare (14, Bd Lantivy)	**	TA	21.46.50	17	25	50					
Spunta di Mare (Quartier St-Joseph)	**	TA	21.41.42	54	26	60	5	12	45	56	V
San Carlu (8, Bd Danielle Casanova)	**	TA	21.13.84	20		40	5				P
Austerlitz (Rue Général Fiorella)	*	TA	21.19.19	10	35	40	inclus				
Bella Vista (Bd Lantivy)	*	TA	21.07.97	10		40	5				V
Belvédère (Rue Maréchal Ornano)	*	TA	21.07.26	15	30	45	4				
Bonaparte (Rue Etienne Conti)	*	TA	21.44.19	17	20	30	4				
Colomba (2, Cours Grandval)	*	TA	21.12.66	10	20	36	inclus				
Ile de Beauté (Route de Mezzavia)	*	TA	21.32.31	12	30	35	4				

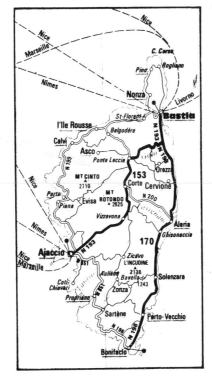

SIGNES ET ABREVIATIONS

****	Hôtel de grande classe
***	Hôtel de très bon confort
**	Hôtel de bon confort
*	Hôtel confortable
P	Auberge locale
Min.	Minimum
Max.	Maximum
	Bar
	Restaurant
	Tennis Privé
	Piscine privée
	Jardin
	Garage
	Parking
	Ascenseur
	Chauffage Central
	Téléphone dans les chambres
	Change
	Chiens interdits
	Port de plaisance
	Centre nautique
	Piscine
	Plage
	Centre de location de ski nautique
	Station thermale
	Pêche
	Centre de thalassothérapie
	Aérodrome
	Centre hippique
	Golf miniature
	Casino
	Chasse
M	Bordure de plage
P	Sur le port
V	Vue de mer
R	Bord de rivière
T.A.	Toute l'année
S	Mars-septembre

Expansion

1. Qu'est-ce que la Corse? Où se trouve-t-elle?

2. Décrivez le climat de cette île.

3. Pour quelles raisons est-ce qu'on appelle la Corse 'l'île idéale des vacances'?

4. On l'appelle aussi 'un morceau des Alpes, isolé en Méditerranée'. Pourquoi?

5. Où se trouve Ajaccio? C'est la ville natale de quel personnage illustre?

6. Ajaccio est aussi un centre de séjour estival. Qu'est-ce que cela veut dire? Nommez quelques centres de séjour hivernal en France.

7. Si vous alliez passer vos vacances l'année prochaine à Ajaccio, à quel hôtel descendriez-vous? Etudiez bien l'extrait de brochure qui se trouve ci-contre, et citez les raisons pour lesquelles vous choisiriez tel ou tel hôtel, Par exemple:
Je descendrais à l'Hôtel Campo dell'Oro, parce qu'il est ouvert toute l'année, parce qu'il jouit d'une vue sur la mer, parce qu'il y a une piscine, et surtout parce que je pourrais y emmener mon petit chien . . .

8. Comment se fait-il qu'il y ait tant de stations balnéaires en Grande Bretagne?

9. Vaut-il la peine d'aller passer ses vacances à l'étranger?

10. Il y en a qui font de longs voyages aux frais des autres, en faisant de l'autostop. Approuvez-vous cette façon de voir le monde sans trop dépenser?

A discuter

Celui qui n'a jamais voyagé, ne peut pas apprécier son propre pays.

4 Mission lunaire (i)

Gambadant comme des poulains échappés dans un pré, John Young et Charles Duke ont accompli, hier, leur première sortie sur la Lune après avoir atterri dans la région de Descartes.

Plus qu'aucun autre des huit astronautes qui les ont précédés, ils ont montré une aisance dans les mouvements et une vivacité ahurissantes. Ils n'ont pas cessé de pousser de cris d'admiration, ils ont chanté de joie, s'exclamant parfois : "C'est si beau que je ne puis en croire mes yeux!" "Fantastique!" "Superbe!"

Pourtant, les deux hommes, après les difficultés qu'ils ont rencontrées au cours de leur vol d'approche, sur orbite lunaire, ont frôlé un grave danger lorsqu'ils se sont posés sur une sorte de plateau rocheux. En effet, ils étaient à trois mètres seulement d'un gros cratère dont la profondeur était de près de dix mètres et la pente à 30%. Young, en le voyant, s'est exclamé: "Nous sommes passés au-dessus d'un gros trou, Charlie!"

C'est à 17 h 56 que le commandant de bord Young a débarqué le premier sur la Lune, suivi cinq minutes plus tard par Duke. Les deux astronautes ont immédiatement déballé leur matériel, déplié la jeep lunaire et ramassé quelques échantillons. Ils ont surtout beaucoup travaillé à mettre en place la station d'observation scientifique alimentée par un petit réacteur atomique, ce qui leur a demandé environ trois heures d'efforts. Cette station comporte notamment un sismographe qui, en relation avec les appareils de même type déjà déposés sur la Lune au cours des vols précédents, permettra de mieux localiser les zones où se produisent les séismes. Pour vérifier la rapidité de la propagation des ondes dans le sol lunaire, une expérience sera tentée à l'aide d'un petit mortier qui va tirer des charges explosives à des distances différentes.

France-Soir

Vocabulary

ahurissant - fort étonnant
frôler - toucher à peine
séisme (m) - tremblement de terre

Exercises

1. Translate the article into English.

2. Describe clearly in French:
une orbite lunaire, un cratère, un sismographe.

3. Make French sentences to show the meaning of:
frôler, tenter une expérience, déplier.

4. Compose a likely conversation in French between the two astronauts. (200 words)

5. Translate into French:
During our flight to the moon we had met with various difficulties, and as we landed we only just avoided yet another danger. Near us was a deep crater into which we might very easily have fallen. I was the first to set foot on the moon, and D. followed me some minutes later. Our first task was to unpack our kit and to unfold our moon-jeep, which would enable us to start collecting samples. Having done this, we began to set up our scientific observation post. Because of all the difficulties involved, this took several hours, hard work. A good deal of apparatus had been set up on the moon on former flights, but an important addition this time was a seismograph for locating lunar earthquakes more precisely.

La lune

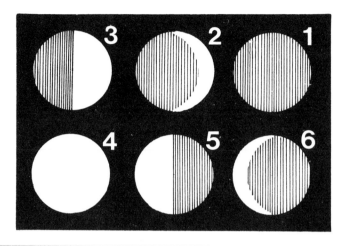

Lune n.f. Planète satellite de la terre, autour de laquelle elle tourne, et qu'elle éclaire pendant la nuit en diffusant la lumière solaire. La lune est 50 fois plus petite que la terre : elle en est éloignée de 384.000 Km. La lune effectue sa révolution autour de la terre en 29 jours et demi; c'est ce que l'on entend par mois lunaire. Pendant toute la durée de cette évolution, elle présente toujours la même face à la terre; l'hémisphere opposé ne voit donc jamais notre planète. C'est à l'attraction de la lune, combinée avec celle du soleil, que sont dues les marées.

Nouveau Petit Larousse Illustré

Expansion

1. Qu'est-ce qu'un satellite?

2. Comment se fait-il que la lune éclaire la terre pendant la nuit?

3. Combien de jours met-elle pour tourner autour de la terre?

4. Quelle distance les deux astronautes ont-ils dû parcourir pour arriver à la lune?

5. Quelle influence spéciale cette planète exerce-t-elle sur la terre?

6. Qu'est-ce qu'un mois lunaire?

7. Combien de fois par jour y a-t-il marée basse, marée montante?

8. Que pensez-vous de l'exploit des deux jeunes Américains?

9. Auriez-vous voulu les accompagner?

10. Approuvez-vous les grandes sommes que l'on dépense pour l'exploration de l'espace?

A discuter

Les grandes découvertes n'ont pas toujours amélioré le sort de l'homme.

5

Section 1

Courrier du coeur

Lettre à Marcelle Ségal

Pourquoi faut-il que l'homme ait le droit de ne rien faire chez lui? Pourquoi la femme doit-elle laver le linge, la vaisselle, repasser, frotter, coudre, passer l'aspirateur, éplucher, faire la cuisine, les courses? Bien entendu, elle travaille avec un salaire moindre à travail égal. Ne le dérangez pas, il lit son journal. Et dépêchez-vous de préparer le dîner, il est pressé. Et il ne vous épargnera pas ses réflexions, le bifteck est trop cuit, zut, encore des yaourts pour dessert ou les haricots sont d'hier. Il laisse tout en désordre, des miettes, un verre sale, le couteau à pain gras parce qu'il a la flemme de prendre le couteau à beurre. Les traces noirâtres de ses pantoufles trempées dans la salle de bains. Il fouille dans vos affaires, pourquoi se gênerait-il? Et quant à lui faire une réflexion... je préfère être à trois kilomètres. Que voulez-vous, il est le plus fort. L'homme est vraiment un drôle de spécimen.

Une misanthrope.

'Elle' magazine

Vocabulary

flemme (f) - grande paresse

Exercises

1. Translate the letter into English.

2. Give a clear description in French of:
   un aspirateur, un couteau à beurre, un misanthrope.

3. Use these verbs in sentences to show their meaning:
   fouiller, éplucher, se gêner.

4. Imagine a conversation between husband and wife that could have given rise to one of the complaints in this letter. (150 words)

5. Translate into French :
   I have had enough of all this talk about women's rights. A woman's place is in the home. When a man comes home from work in the evening, he should not be asked to wash up, to help bath the children, to do the ironing sometimes, even cook the supper. After all, man is the bread-winner, or at least he is in our family, and so has certain rights himself.
   Every weekday I have a long tiring day in the office. When I arrive home at about six in the evening, I expect to find the housework done, and a meal ready. The youngest children should be already in bed and the others doing their homework. I like to sit and watch television in the evening without being interrupted. Is this too much to ask?

Maison idéale

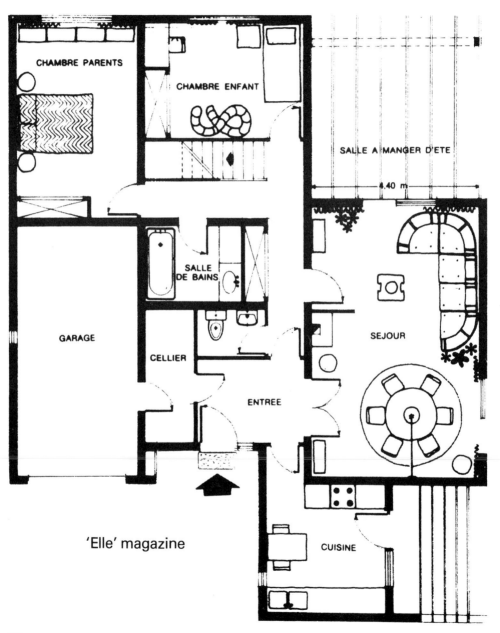

CHAMBRE PARENTS

CHAMBRE ENFANT

SALLE A MANGER D'ETE

1.40 m

SALLE DE BAINS

GARAGE

CELLIER

SEJOUR

ENTREE

'Elle' magazine

CUISINE

Expansion

1. Approuvez-vous le dessin de cette maison française moderne? Pour quelles raisons?

2. Quels sont les avantages d'une maison à un étage?

3. Lequel préférez-vous, un appartement ou une maison? Pourquoi?

4. Décrivez votre demeure idéale.

5. Dans une maison moderne, de quoi se sert-on pour:
   - a. faire la cuisine?
   - b. laver le linge?
   - c. faire la vaisselle?
   - d. nettoyer le tapis?
   - e. tondre le gazon?

6. A quoi sert un réveille-matin?
   un rasoir électrique?
   un ouvre-boîtes?
   un casque-séchoir?
   un fer à repasser?

7. Etes-vous de l'avis que les soins du ménage devraient être partagés?

8. Si oui, que faites-vous par exemple chez vous?

9. Croyez-vous que les garçons doivent en faire autant que les filles?

10. Quand vous aurez un ménage à vous, comment allez-vous en répartir les travaux? Si vous en avez déjà, dites comment le travail ménager est organisé chez vous.

A discuter

L'intérieur d'une maison est plus important que son emplacement.

6

Le code de la route

Quelques conseils aux automobilistes et aux motocyclistes

Extrait du Manuel International de la Sécurité routière, établi par la Commission Européenne de la Sécurité routière (O.N.U.).

DEPART. — Avant de quitter le bord du trottoir, assurez-vous que vous pouvez le faire sans danger, notamment en regardant dans votre rétroviseur (n'oubliez pas l'angle mort). Signalez votre intention et, au besoin, attendez qu'un vide se présente dans la file des véhicules. Lorsque vous abordez une route en venant d'un chemin privé, laissez le passage aux piétons et aux véhicules qui y circulent.

MARCHE. — Gardez bien votre droite. Si, pour un des motifs suivants : changement de voie de circulation (s'il y en a plusieurs dans le sens que vous suivez), tour à gauche ou dépassement, vous êtes amené à vous écarter de la droite, assurez-vous que vous pouvez le faire sans danger, notamment en regardant dans votre rétroviseur (n'oubliez pas l'angle mort). Avertissez de votre intention les automobilistes qui vous suivent.

POUR TOURNER A GAUCHE OU A DROITE. — Lorsque vous voulez tourner à droite, abordez le croisement en vous tenant sur la droite aussi près que possible du bord de la route. Lorsque vous voulez tourner à gauche, rapprochez-vous le plus possible du milieu de la route (sans toutefois déborder sur l'autre moitié). Sur une route où il y a plus de deux voies de circulation, ne tournez jamais à gauche directement si vous êtes sur la voie de droite, ni à droite directement si vous êtes sur la voie de gauche, mais prenez la voie de circulation qui est la plus proche de la direction vers laquelle vous voulez tourner. Laissez passer les piétons traversant la route latérale dans laquelle vous tournez — piétons qui peuvent ne vous avoir pas vu.

Vocabulary

rétroviseur (m) - miroir qui permet de voir derrière soi
angle mort (m) - zone non vue dans le rétroviseur

Exercises

1. Translate the extract from the French Highway Code into an equivalent English style.

2. Give a good French definition of:
un piéton, une rue latérale, un croisement.

3. Use each of the following verbs in a French sentence that shows their meaning:
s'écarter de, aborder, déborder.

4. Write down in French any differences you know between the English and French rule of the road (complete sentences).

5. Translate into French the following extract from the 'Highway Code':

Moving off
28 Before moving off, always[1] look round, as well as using your mirror. Signal before moving out; then move off when you can do so safely and without making other road users change speed or direction.

29 Keep to the left, except when you intend to overtake, or turn right, or when you have to pass stationary vehicles or pedestrians in the road. Allow others to overtake you if they want to.

30 Use your mirror often, so that you always know what is behind you.

Turning right
78 Well before you turn right, use your mirror to make sure you know the position and movement of traffic behind you. When it is safe, give a right turn signal and, as soon as you can do so safely, take up position just left of the middle of the road, or in the space marked for right-turning traffic. If you can, leave room for other vehicles to pass on the left. Wait until there is a safe gap[2] between you and any oncoming[3] vehicle; then make the turn but do not cut the corner.

1. Position of adverb in French? 2. distance
3. which is approaching you.

Plan du Quartier des Ecoles à Paris

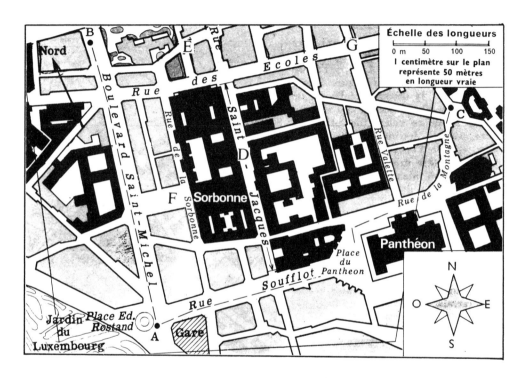

Imaginez que vous circulez en auto dans ce quartier, et que vous vous trouvez en ce moment près de la gare, au rond-point A. Décrivez tout ce que vous faites pour aller:

de A à C

puis de C à D

puis de D à E etc. etc.

Vocabulaire utile

prendre le volant - take the wheel
mettre le contact - switch on
appuyer sur le starter - press the starter
mettre en première - go into first gear
lâcher le frein à main - release hand brake
embrayer - let in the clutch
changer de vitesse - change gear
ralentir, freiner - slow down, brake
faire marche arrière - back
déboucher d'une rue - emerge from
déraper - skid
dévier - swerve
feux de circulation - lights
brûler le feu rouge - drive through the red
garder la droite - keep to the right
tomber en panne - have a breakdown

Expansion

1. Que faut-il posséder pour pouvoir conduire une voiture?
2. Où est-ce qu'on apprend à conduire?
3. Expliquez ce que c'est qu'une ligne continue (discontinue).
4. Quand est-ce qu'il est interdit de doubler une auto?
5. Quelles sont les heures d'affluence dans une grande ville?
6. Que veut dire 'Sens unique', 'Défense de stationner'?
7. Que faut-il faire quand on tombe en panne?
8. Dans quelles circonstances faut-il faire basculer les phares?

A discuter

On permet à Paris une vitesse plus grande que dans les grandes agglomérations britanniques, 'pour éviter les bouchons'. Nous faut-il suivre cet exemple?

Carambolage entre Strasbourg et Colmar

Une vingtaine de véhicules, dont sept poids lourds, ont été mêlés au gigantesque carambolage qui s'est produit hier matin vers 6 h 30, sur la voie rapide 83 Strasbourg-Colmar, à environ 4 km au nord d'Erstein (Bas-Rhin) et qui a fait un mort et 26 blessés dont sept grièvement atteints.

Un poids lourd tombé en panne et rangé tant bien que mal sur le bas-côté de la chaussée de l'un des deux couloirs de circulation a été à l'origine du sinistre. Gêné par le brouillard particulièrement épais qui régnait sur la plaine d'Alsace, le chauffeur d'un deuxième camion a accroché le véhicule immobilisé et, déporté sur sa gauche, a traversé le terre-plein pour heurter un poids lourd venant en sens inverse. Cette première partie de l'accident a fait trois blessés graves.

C'est alors qu'un autocar militaire, qui s'était arrêté à une courte distance du lieu de la collision, fut projeté par un semi-remorque contre un autre poids lourd également à l'arrêt devant lui. Le semi-remorque était à son tour heurté à l'arrière par un autre camion.

Le carambolage en série se poursuivait, d'autres camions percutant encore les précédents.

Humanité

a

b

Supériorité des femmes au volant

Selon le professeur Herbert Lewrenz, expert de la circulation de Hambourg, les femmes conduisent mieux que les hommes. Elles sont plus calmes, plus attentives, et prennent plus de précautions au volant que les conducteurs masculins.

D'après les tests physiques et psychologiques du professeur H. Lewrenz, les femmes ont plus d'endurance pour les longs trajets. Au cours d'une épreuve de trois heures, le taux d'efficacité de conduite est tombé de 11% pour les hommes tandis qu'il s'est accru de 10% pour les femmes. Pour la conduite de nuit, les hommes dominèrent les femmes pendant les deux premières heures, mais elles se montrèrent plus vigilantes par la suite.

D'autre part, les conductrices sont plus polies au volant et plus respectueuses des autres automobilistes que les conducteurs.

Les femmes ont cependant encore quelques points de faiblesse, en ce qui concerne, en particulier, la confusion de la droite et de la gauche, et l'ouverture des portières du côté de la circulation. Enfin, le professeur Lewrenz déconseille fortement aux femmes passagères de donner des conseils au conducteur, leur intervention ne pouvant, en aucun cas, être bénéfique.

Le Figaro

Vocabulary

semi-remorque (m) - remorque à deux roues
carambolage (m) - (au billard) avec une bille toucher
deux autres

Exercises

1. Translate article (a) into English.

2. List in English the main points put forward for and against women drivers in article (b).

3. Use each of the following in French sentences to show their meaning:
   en sens inverse, une épreuve, le brouillard, un sinistre.

4. Qu'est-ce qu'il faut faire pour réduire le bilan des morts sur nos routes nationales? (150 mots)

5. Translate into French the following extract from the 'Highway Code':

Overtaking
116 Overtake only on the right, unless traffic is moving in queues in all lanes and traffic on the right is moving more slowly than you are. Never move to a lane on your left to overtake. Never use the hardshoulder for overtaking.

117 Do not overtake unless you are sure it is safe for yourself and others. Many accidents on motorways are rear-end collisions. So before you start to overtake make sure that the lane you will be joining is clear far enough behind (use your mirror) and ahead. Remember that traffic may be coming up behind much more quickly than you think. Signal before you move out. Be particularly careful at dusk, and in fog or mist, when it is more difficult to judge speed and distance.

Extrait du manuel international de la sécurité routière

DEPASSEMENT. — En général, dépassez à gauche. Toutefois, vous pouvez dépasser à droite dans les cas suivants:
a) Lorsque l'automobiliste qui vous précède a fait signe qu'il va tourner à gauche;
b) Lorsque vous dépassez un tramway.
Ne dépassez jamais :
a) A moins que vous ne disposiez d'un espace suffisant et que la visibilité ne permette de le faire sans danger; en dépassant, vous assumez les responsabilités de l'accident qui pourrait en résulter;
b) Lorsque vous approchez d'un virage sans visibilité, d'un croisement, du sommet d'une côte ou d'un pont en dos d'âne;
c) Sur un passage pour piétons non gardé par des signaux lumineux ou lorsque la visibilité n'est pas satisfaisante. Redoublez de prudence à la nuit tombante car, à ce moment, il est encore plus difficile d'évaluer la vitesse et la distance.
N'accélérez jamais quand on vous dépasse et même, si les circonstances l'exigent, ralentissez.
Cédez le passage aux piétons qui montent dans un tramway ou en descendent (sauf aux endroits où il y a un refuge).
SIGNAUX. — Avant de tourner à droite ou à gauche, de ralentir, de changer de voie, de dépasser ou de quitter le bord du trottoir, signalez votre intention clairement et assez longtemps à l'avance.
Si vous êtes obligé de vous arrêter sur la route même, rangez votre voiture aussi près que possible du bord. Ne vous arrêtez jamais à un endroit ou votre véhicule peut constituer un danger ou un obstacle pour d'autres ou diminuer la visibilité. Ne laissez jamais votre véhicule :
a) près du sommet d'une côte;
b) dans un virage ou un carrefour ni à leurs abords;
c) à un endroit où il puisse masquer un passage pour piétons, un signal ou un panneau de signalisation;
d) à un arrêt de tramway ou d'autobus ou à l'entrée d'une école;
e) devant une porte cochère;
f) dans le sens contraire à celui de la circulation pendant la nuit, dans le brouillard ou par temps brumeux : vos feux risqueraient de tromper les véhicules venant en sens inverse.
A moins que la route soit très large, ne laissez jamais votre véhicule :
a) en face d'un refuge, d'un endroit où des traveux de réfection de la route sont en cours, ou de tout autre obstacle;
b) en face d'un autre véhicule en stationnement.
Sauf aux endroits où il est expressément permis de la faire, on ne doit jamais laisser un véhicule sans feux pendant la nuit; en cas de doute, laissez les feux de stationnement allumés.

| Route interdite à la circulation automobile | Sens interdit | Défense de tourner | Il est interdit de dépasser | Sens interdit aux cyclistes | Priorité à droite | Betteraves |

Vocabulaire

dépasser - doubler
porte cochère (f) - double porte par laquelle passent les
        voitures

Expansion

1. Dans quelles circonstances est-il dangereux de dépasser
   un véhicule?
2. Où faut-il céder le passage aux piétons?
3. Nommez quelques endroits où il est interdit de
   stationner.
4. Pourquoi ne doit-on pas laisser son véhicule devant
   une porte cochère?
5. Pendant la nuit, est-il jamais permis de stationner
   les feux éteints?
6. Citez quelques causes fréquentes d'un bouchon sur
   les routes nationales.
7. Qu'est-ce qui cause une collision-chaîne?
8. A quelle saison de l'année les autoroutes sont-elles
   le plus encombrées?
9. On entend souvent le conseil 'Respectez vos distances!'
   Pourquoi?
10. On tend partout à négliger les grands réseaux de chemin
    de fer et à encombrer les routes. C'est du progrès?

A discuter

Rouler trop lentement est aussi dangereux que
rouler trop vite.

8

Animaux domestiques

Comment dresser un chien

QUESTION :

Nous possédons un schnauzer âgé de quatre ans. Après avoir habité la campagne, nous sommes maintenant en appartement. Dès que ce chien se trouve seul, il hurle à la mort, d'après les voisins. Nous tenons beaucoup trop à ce chien pour envisager de nous en séparer.

Pourriez-vous nous indiquer le moyen de remédier à cela? D'autre part, les locataires de l'immeuble sont-ils en droit de porter plainte?

REPONSE :

Oui, sans l'ombre d'un doute, les locataires vos voisins sont en droit de faire constater par un agent le bruit que fait votre chien, et de porter plainte, surtout s'il vous arrive de vous absenter le soir et qu'il trouble leur sommeil. Il est relativement facile d'habituer un jeune chien à cesser d'aboyer quand on l'abandonne, mais la chose sera beaucoup moins aisée avec un animal de cet âge.

Néanmoins, vous devez essayer la méthode suivante, fort simple. Vous enfermez le chien seul dans une pièce et vous attendez qu'il commence à se plaindre. S'il le fait, vous le grondez sévèrement, et vous refermez la porte. Il faudra faire durer chaque jour un peu plus longtemps la séance, pendant le nombre de semaines nécessaires. Chaque fois que vous le délivrerez sans qu'il se soit plaint, vous le récompenserez avec quelque friandise. Normalement, votre chien doit finir par comprendre ce que vous attendez de lui, d'autant plus aisément que les schnauzers sont des chiens particulièrement intelligents. Il vous faudra beaucoup de patience, de douceur, mais aussi de fermeté, pour arriver à un résultat, et durant le temps de ce dressage, vous devrez essayer de faire comprendre à vos voisins ce que vous faites, afin d'obtenir leur indulgence.

Surtout, évitez d'employer des moyens coercitifs, tels qu'une muselière spéciale, et ne battez pas l'animal, car vous risqueriez de le buter et d'aggraver son cas.

Normalement, vous devez, ainsi, obtenir un bon résultat.

Vie des Bêtes

Vocabulary

schnauzer (m) - espèce de chien
dresser - instruire (un animal)
buter - rendre obstiné

Exercises

1. Translate the letter and the reply into English

2. Describe *une muselière, un locataire, une friandise,* in good French.

3. Use the following verbs in French sentences that explain their meaning:
   aggraver, se plaindre, hurler.

4. Write a letter in French asking advice about a pet of yours. (150 words)

5. Translate into French:

Dear Sir,
   We have been living for many years in a flat in a suburb of Montpellier. Recently our next door neighbours, a very quiet couple, moved to a new house in the country, and the flat has been taken by a young family with a dog. I have nothing against animals, but this one barks constantly when left alone in the flat, and our sleep is frequently disturbed. I have complained several times, and they have promised to try to keep the dog quiet. Up to now however, their training has not been successful, and I am wondering what steps I can take to persuade them to get rid of it. We do not dislike dogs, but feel that it is kinder to all concerned to keep them in a house with a garden. How can we make them understand this?

   Yours truly,

L'alimentation des animaux domestiques

La civilisation, c'est le confort.
C'est le progrès. Peut-être.
Mais quand on se nourrit
trop et qu'on se dépense moins,
la civilisation c'est mauvais
pour la santé.

C'est vrai pour les hommes
c'est devenu vrai pour
les chiens : les chiens ont des

problèmes d'embonpoint.

Il faudrait les promener plus
souvent. C'est facile à dire.
On ne peut quand même pas
les mettre au régime.

Il y a une manière de bien
nourrir les chiens sans
qu'ils s'empâtent, c'est Fido.

Fido est un aliment complet
riche en tout ce qui est bon
pour les chiens (viandes,
légumes, céréales, os broyés, sels
minéraux, phosphate de calcium)
et moins riche en matières
grasses qui les font grossir.

C'est ce qu'il faut donner à
un chien qui ne passe que
les week-ends dans la nature.

Fido, c'est plus de bonnes choses et moins de gras.

Expansion

Au cours des dernières années, on a vu s'élever une grande industrie qui s'occupe de l'alimentation des chats et des chiens. Le chiffre d'affaires annuel monte à plusieurs milliers de francs. Ci-contre un exemple de la réclame qu'on fait pour vendre une certaine viande en boîte pour les chiens.

1. Par quels autres moyens est-ce qu'on peut faire la réclame?

2. Selon la réclame ci-contre, quels sont les avantages de cet aliment en boîte pour les chiens? De quoi se compose-t-il?

3. Pourquoi est-il important que les chiens ne s'empâtent pas?

4. Pour quelle raison la civilisation est-elle mauvaise pour les chiens?

5. En ce qui touche la nourriture, les chats dépendent moins des hommes que les chiens. Expliquez.

6. De tous les animaux familiers, lequel préférez-vous, et pour quelle raison?

7. Quelles sont les différences principales entre le caractère d'un chat et d'un chien?

8. On dit que les gens finissent par ressembler à leur animal favori. L'avez-vous remarqué?

9. Pourquoi la S.P.A. (Société Protectrice pour les Animaux) est-elle nécessaire dans les pays civilisés?

10. On a appelé le chien le meilleur ami de l'homme. Etes-vous de cet avis?

A discuter

Est-il juste qu'on utilise la chair de certains animaux comme la baleine, le cheval, et le kangourou, pour nourrir nos favoris?

9 Le budget familial

Conseil aux ménagères du Marché commun

Le café soluble est moins cher en France... Pour les casseroles, c'est en Italie que vous ferez les meilleures affaires... Le Luxembourg est imbattable sur le chapitre des ampoules électriques...

Ménagères du Marché commun, si vous êtes économes, il vous faut connaître les écarts de prix dans les différents pays de la Communauté. Un rapport de la commission des Communautés est venu à point nommé vous apporter les précisions nécessaires.

Si la côtelette de porc, le whisky, les "45" tours "pop" et les lames de rasoir se vendent à peu près au même prix dans chacun des six pays du Marché commun, des écarts subsistent pour d'autres produits de consommation courante. Le café soluble, bon marché en France, est plus cher en Allemagne (57% d'écart); la ménagère a intérêt à acheter ses casseroles en Italie où les prix sont 72% moins élevés qu'en France et 16% moins élevés qu'en Allemagne. Le Luxembourg est en pointe pour les ampoules électriques: elles y coûtent 78% de moins qu'en Allemagne. Quant à la République fédérale, elle conserve le record de la compétitivité pour les transistors.

Un poste de marque courante, dont le prix serait représenté par l'indice 100 en Allemagne, grimpe à 111 au Luxembourg, 129 au Pays-Bas, 143 en Belgique, 155 en Italie et atteint 167 en France.

La fiscalité diffère dans chacun des six pays et elle joue un rôle variable d'un secteur à l'autre. S'il est négligeable pour la viande et les pneus de voitures (avec ou sans taxe, les pneus sont environ 30% plus chers en Allemagne qu'en Italie), le facteur fiscal est important en ce qui concerne les voitures. Le prix "hors taxes" des voitures ne varie que de 6 à 7% d'un pays à l'autre de la Communauté. Mais les écarts de prix "taxes comprises" vont de 100 au Luxembourg à 122 aux Pays-Bas, en passant par 107 en Allemagne, 108 en Belgique et en Italie, et enfin 121 en France. La même remarque vaut pour le secteur des appareils radio où le poste, qui coûtait 67% de plus en France qu'en Allemagne, n'est qu'à 39% au-dessus du prix allemand si l'on fait abstraction de la fiscalité.

Enfin, les habitudes des consommateurs expliquent que les Allemands, qui consomment relativement peu de pain, acceptent que le prix de ce dernier soit plus élevé. Les écarts de prix sur le pain sont en effet, assez spectaculaires: pour un indice 100 aux Pays-Bas, on enregistre 104 en Belgique, 115 en Italie, 117 en France et 161 en Allemagne.

France-Soir

Vocabulary

fiscalité (f) - système de perception des taxes
écarts de prix (m) - différences entre les prix
à point nommé - juste à temps

Exercises

1. Make a summary in English of the main points in the article opposite (in chart form if preferred).

2. A quoi sert
   (a) une lame de rasoir,
   (b) une ampoule électrique,
   (c) un pneu de voiture.

3. Give an alternative French rendering of:
     les meilleures affaires, produits de consommation
     courante, un consommateur, une ménagère.

4. Imagine a conversation in which two French housewives discuss the advantages and disadvantages of shopping in a supermarket. (200 words)

5. Translate into French:
    Since the war, the level of wages and prices has risen steadily all over the world, and in most countries the standard of living has also risen. Before our entry into the Common Market, Great Britain enjoyed rather lower food prices than the rest of Europe, thanks to various Government subsidies, but the removal of these has had the expected effect of reducing the difference in price levels between Great Britain and the rest of Europe.

    The consumer, in other words the housewife with her shopping basket, has been quick to complain of the rise in the cost of living, and her complaint is reflected quickly in her husband's demand for higher wages. How to halt this tendency is the problem facing many governments.

Le prix des denrées

NOTRE « PANIER-TEST » CET-TE SEMAINE contient 1 kg de bifteck haché, 1 laitue, 4 yaourts et un petit pot de confiture de fraises.

Orléans, comme vous le voyez, se révèle être la ville la plus économique, avec un prix de revient de 15,55 F. Un magasin de la même chaîne situé à 138 km de là, au Mans, est battu d'une courte tête avec 17,04 F. Pourtant l'hypermarché d'Orléans permet d'économiser pas mal d'argent car il est situé près d'autres grandes surfaces, implantées récemment à la périphérie de cette ville. Enfin, c'est près du nouveau « ventre » de Paris que le marché est le moins avantageux, à Rungis, avec un total de 22,85 F.

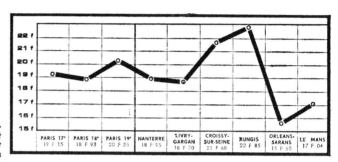

France-Soir

Pour mieux acheter comparez les prix		Paris (17e)	Paris (18e)	Paris (19e)	Nanterre (92)	Livry-Gar. (93)	Croissy-s.-Seine (78)	Rungis (94)	Orléans (45)	Le Mans (72)
	BIFTECK HAC., le kg	15,00	14,50	15,60	14,50	14,40	16,80	17,90	11,80	13,50
	FAUX-FILET, le kg ..	28,00	—	28,90	23,40	18,00	24,50	25,90	21,90	22,80
	FOIE GENISSE, le kg	12,20	12,50	12,10	12,50	10,90	11,50	13,40	9,80	10,80
	COTE PREM. le kg ..	28,60	23,50	28,80	29,50	14,00	23,00	20,40	18,80	17,50
	GIGOT AV. OS, le kg	23,00	22,50	23,40	21,50	19,90	19,80	19,40	17,60	15,50
	EPAULE AV. OS, le kg	—	—	—	—	10,90	11,50	8,90	15,50	10,70
	JAMB. PARIS, le kg	15,60	15,00	13,00	13,50	14,60	14,20	15,20	14,60	15,20
	POULET A, le kg ..	5,60	6,00	7,90	5,40	6,60	7,20	4,90	5,50	5,20
	CANARD BARB. le kg	—	—	—	11,50	12,80	—	—	10,00	9,60
	YAOURT. NAT, les 4	1,10	1,38	1,40	1,45	1,55	1,65	1,25	1,20	1,39
	BEURR. CHAR. 250 g	3,44	3,55	3,47	3,75	3,60	3,62	3,60	3,50	—
	GRUYERE, le kg ..	—	13,90	13,50	11,00	12,20	14,80	12,00	12,80	13,40
	ŒUFS, les 6 (A. fr.)	1,95	2,05	1,95	3,50	2,25	2,00	1,50	2,30	1,71
	HUILE D'AR., la bout.	—	3,45	3,95	3,95	3,80	3,55	3,50	3,15	3,08
	COCA - COLA, famil.	1,60	1,55	1,50	1,60	1,30	1,25	1,05(1)	1,30	0,80
	CABIL. SUR., 400 g	5,10	5,10	5,45	5,45	5,50	5,45	4,20	4,70	4,95
	SARD. HUIL.125 cm3	1,15	1,15	1,10	1,10	3,10	2,35	1,30	1,25	1,90
	EPINAR. FRAIS, le kg	—	—	—	—	—	2,40	2,70	2,70	2,20
	POIREAUX, le kg ..	—	2,10	2,00	2,50	1,70	1,65	2,10	1,35	1,45
	LAITUE, la pièce ..	0,75	0,80	0,75	0,90	0,85	0,83	1,10	0,50	0,60
	CITRONS, le kg	3,60	5,00	4,00	5,00	1,60	3,50	3,40	2,10	1,95
	POMM. GOLD, le kg	2,00	1,60	2,60	2,80	2,00	2,70	1,60	1,20	1,25
	ORANGES, le kg ..	3,25	3,90	3,40	3,95	2,50	2,70	2,60	3,40	3,95

(1) + 0,50 F de consigne.

Expansion

1. Qui est-ce qui s'intéresse le plus au prix des denrées? Pourquoi?

2. Où faites-vous vos emplettes de préférence—au magasin du coin, ou au supermarché? Pour quelles raisons?

3. Les nouvelles Halles de Paris se trouvent maintenant à Rungis, à quelque distance de la capitale. Où peut-on trouver le 'ventre' de Londres?

4. D'après le tableau ci-contre, les denrées les plus chères se trouvaient à Rungis. Cela vous surprend-il? Pourquoi?

5. Où est-ce qu'on trouve les prix les plus bas?

6. A supposer que la livre vaut 10 francs (consultez en tout cas votre journal pour trouver le cours du change actuel) calculez le prix en sterling d'un Kg des produits suivants, à Paris, Nanterre, et Orléans, à savoir: beurre, poireaux, gigot, pommes. (1 Kg = 2 livres)

7. Qu'est-ce qu'il y avait dans le panier-test?

8. Aimez-vous le système libre-service dans les grands magasins? Pourquoi? Pensez-vous qu'il encourage le crime?

9. Grâce aux produits surgelés qu'on peut acheter de nos jours un peu partout dans les grandes villes, nos habitudes alimentaires ont beaucoup changé. Y aura-t-il toujours, à votre avis, un marché pour les légumes frais?

10. On dit que le petit magasin du coin va bientôt disparaître. C'est du progrès?

A discuter

'Le boycott des achats est l'arme des ménagères.'

L'exploration de l'espace

Malheureusement, au cours de l'installation des différents appareils d'enregistrement, John Young dans son exhubérance, sans doute, a heurté du pied le câble de l'un d'eux et l'a arraché. A Houston, les savants sont désolés, car cet appareil devait mesurer, dans un trou obtenu à l'aide d'une foreuse, l'intensité de la chaleur émise par le sol lunaire.

Les astronautes se sont embarqués ensuite à bord de leur voiture électrique. Ils ont largement fait partager leurs impressions aux spécialistes du centre de contrôle et aux journalistes.

Au cours de ce voyage qui a été relativement court puisqu'ils ont occupé la plus grande partie de leur temps à installer la station d'observation, Young et Duke ont ramassé des quantités d'échantillons avec leur "pince à sucre". Ils les ont photographiés et les ont ensuite soigneusement empaquetés dans des sacs en plastique munis d'étiquettes. Les astronautes ont aussi manipulé à plusieurs reprises un magnétomètre portatif en relation avec les différents lieux géographiques de la lune.

On sait déjà que ce champ magnétique est extrêmement faible et qu'il varie beaucoup. D'après les descriptions qui ont été fournies et d'après ce qu'il m'a été possible de voir sur les écrans de télévision, le sol du plateau sur lequel ils ont oeuvré dur. Les hommes s'enfoncent moins dans la poussière.

Enfin, leur voyage terminé, Young et Duke ont regagné leur LM, qui se profilait à l'horizon, pour s'y reposer jusqu'à demain. Ils feront alors un nouveau voyage à bord de leur automobile électrique bien plus long, celui-là, puisqu'il va durer environ sept heures. L'heure prévue de sortie est de 16 h 37.

France-Soir

Vocabulary

foreuse (f) - machine à forer (faire un trou)
magnétomètre (m) - qui mesure le magnétisme
LM (lunar module) - module lunaire

Exercises

1. Translate the article into English

2. .Give a clear French definition of:
   *une étiquette, un écran de télévision, une pince
   à sucre, le sol lunaire.*

3. Express differently in French:
   *Leur LM se profilait à l'horizon; Ils ont fait
   partager leurs impressions aux spécialistes*

4. Imagine a conversation in French between two
   interested observers in Houston as they watched the
   above events on their screen. (200 words)

5. Translate into French:
   We could well imagine the reactions of the Houston
   experts when I accidentally disconnected an important
   piece of apparatus. By means of this the heat given out by
   the soil on the moon was to have been measured. We had
   also taken longer than expected to set up the observation
   post, with the result that only a relatively short journey
   in the electric car was possible. However, the number of
   samples we were able to pick up and photograph must
   have pleased them.
   On this trip we had also brought an instrument to
   measure the magnetic field, which is known to be very
   weak and to vary a great deal on the moon. On their
   television screens on earth, people could evidently observe
   our movements well, and noticed that the soil seemed
   harder than on previous visits, by the fact that we did not
   sink so much into the ground.

Laboratoires orbitaux

Le Figaro

Laboratoires orbitaux : «SALIOUT» SOVIÉTIQUE ET «SKYLAB» DE LA NASA

ON s'attend, dans les jours qui viennent, au lancement d'un **Soyouz-12,** navette permettant de conduire à pied d'œuvre l'équipage du laboratoire orbital **Saliout-2** lancé mardi dernier en URSS. Ces deux dessins représentent l'ensemble **Soyouz-Saliout** et, dessous, l'ensemble **Apollo-Skylab.** On remarquera que l'un comme l'autre font appel, pour leur alimentation électrique, à de vastes panneaux de cellules solaires autorisant des vois de longue durée en orbite terrestre.

Les capsules **Soyouz et Apollo** assurent les relèves d'équipages.

Le "moulin à vent" greffé entre **Apollo** et le laboratoire orbital est un télescope, pièce principale de l'installation scientifique du **Skylab.** Celui-ci est capable d'abriter trois astronautes durant vingt-huit jours, puis après une période de quatre-vingt-dix jours de recevoir un nouvel équipage pour vingt-huit jours et enfin un troisième quatre-vingt-dix jours plus tard qui pourrait séjourner à bord cinquante-six jours. On remarquera que le **Skylab** ne possède pas de moteur suffisamment puissant pour lui permettre de changer d'orbite, mais simplement de petits propulseurs qui lui permettent de conserver son altitude. C'est pourquoi il sera placé sur une orbite assez élevée où les faibles frottements atmosphériques lui assureront une vie assez longue. **Saliout,** en revanche, est capable de changer d'orbite.

Expansion

1. Outre les Etats Unis, quel autre pays a déjà envoyé des hommes sur la lune?

2. Que pensez-vous de l'idée d'établir une station spatiale permanente dans l'espace?

3. Quelles différences y a-t-il entre Saliout et Skylab?

4. D'où vient l'électricité dont on se sert à bord du Skylab?

5. Pourquoi le Skylab ne peut-il pas changer d'orbite?

6. Qu'est-ce qu'une sortie dans le vide?

7. Voudriez-vous faire partie d'un équipage à bord d'un laboratoire orbital?

8. Quels sont les traits de caractère nécessaires pour un tel projet?

9. Le télescope ressemble à un moulin à vent. A quoi sert un vrai moulin à vent?

10. Quels effets se font remarquer sur les mouvements d'astronautes à cause de l'apesanteur totale dans une capsule spatiale?

A discuter

L'exploration de l'espace pourrait mettre fin à la guerre entre les nations.

La cuisine

Tarte aux prunes

Préparation : 1 h	5 g de sel
Cuisson : 1 h	1 œuf
Moule de 26 cm de diam. :	50 g de sucre semoule
250 g de farine	700 g de prunes
125 g de beurre	sucre semoule

La pâte est une pâte sucrée. Travaillez le beurre, le sucre et le sel en pommade. ◻ Ajoutez l'œuf entier, travaillez jusqu'à ce que le mélange soit parfait, puis ajoutez la farine tamisée d'un seul coup. Pétrissez la pâte en la fraisant sous la paume de la main, non en la travaillant du bout des doigts. ◻ Lorsque tout est bien incorporé, faites-en une boule, coupez-la en quatre, superposez les morceaux en appuyant. Faites cela trois fois. ◻ Étendez la pâte au rouleau sur 1/2 cm d'épaisseur, garnissez la tôle légèrement beurrée et farinée, mettez une demi-heure au frais pour qu'elle ne se retire pas à la cuisson. ◻ Piquez le fond de pâte à la fourchette, saupoudrez de deux cuille- rées à soupe de sucre semoule, garnissez avec les prunes dénoyautées en les faisant chevaucher. ◻ Mettez au four chaud 220° (5-6 au thermostat) pendant 50 minutes à 1 heure. La cuisson sera plus ou moins longue selon que les prunes auront plus ou moins de jus qui doit s'évaporer à la cuisson. Servez saupoudré de sucre.

'Elle' magazine

Vocabulary

fraiser - rouler pour rendre lisse
tôle (à gâteau) (f) - feuille de métal sur laquelle on pose
la pâte

Exercises

1. Translate the recipe into English using an appropriate style.

2. Pourquoi faut-il
   (a) que la farine soit tamisée?
   (b) que les prunes soient dénoyautées?
   (c) que la tôle soit beurrée?

3. Use the verbs *mélanger, garnir, superposer,* in French sentences to show their meaning.

4. Describe in French the steps you would take to prepare your favourite meal. (150 words)

5. Translate into French:

Small Easter Cakes

6 ozs flour	3 egg yolks (hard boiled)
4 ozs butter	1 raw egg
4 ozs sugar	1 pinch salt

1 white of egg

Mix the sugar and flour. Add the melted butter, the raw egg and the three hard egg yolks, well crumbled and sieved. Add the salt last. Roll out the pastry until it is ¼ inch thick. Cut it out in the form of stars, either with a pastry cutter[1] or with a cardboard star placed on the pastry. Cut around the outline with a sharp knife. Arrange the pastry stars on a buttered baking tin and brush them with white of egg mixed with a little water. Sprinkle with sugar. Cook[2] in a moderate oven for not more than half an hour until they are a light golden brown[3].

[1] emporte-pièce [2] faites cuire [3] blonds

Le poids idéal

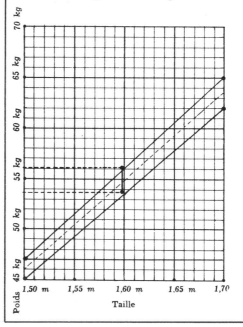

CALCULEZ VOTRE POIDS IDEAL. En regardant cette courbe, il vous est facile de calculer votre poids en fonction de votre taille. Par exemple, si vous mesurez 1,60 m, vous devez peser entre 53,500 kg et 56 kg. Ces chiffres ont été obtenus à partir des statistiques établies par les Assurances-Vie sur un grand nombre de cas de longévité exceptionnelle.

'Elle' magazine

Expansion

1. Quel est votre poids en ce moment?
2. Et votre poids idéal? (Consultez la courbe ci-contre.)
3. Pourquoi les Assurances-Vie s'intéressent-elles tant au poids des assurés?
4. Si l'on veut redevenir svelte, que faut-il faire?
5. Etes-vous au régime? Décrivez un régime pour une jeune femme qui veut soigner sa ligne.
6. Pour quelle raison les amateurs de sport ne veulent-ils pas engraisser?
7. Nommez quelques sports qui exigent qu'on pèse très peu.
8. Quels sont les avantages pour la santé d'un poids moyen?
9. Pensez-vous qu'on mange trop dans les pays civilisés de l'ouest?
10. Que devrait-on faire pour mieux partager les ressources alimentaires du monde?

A discuter

La survie de l'humanité dans un monde surpeuplé.

Enseignement technique: grève ce jeudi et demain vendredi

Une grande partie des 43.000 professeurs de l'enseignement technique devait faire grève ce jeudi et demain vendredi.

Les professeurs du technique, en effet, sont depuis la rentrée en conflit avec le ministère de l'Education nationale. Ce dernier leur a pourtant fait un certain nombre de propositions d'augmentations de salaires mais les syndicats considèrent qu'elles sont insuffisantes. M. Fontanet a proposé d'augmenter de 300 F par mois les professeurs en fin de carrière (soit 12% du personnel), une majoration un peu moins importante pour les plus jeunes. Les grévistes font justement valoir que 20% des enseignants sont des jeunes.

Le ministre de l'Education nationale a déclaré à plusieurs reprises qu'il ne pouvait aller plus loin. Aucun rendez-vous pour une nouvelle négociation n'a été pris. Rappelons que, depuis la rentrée, quatre journées de grève ont déjà eu lieu dans les collèges d'enseignement technique, les 28 et 29 septembre et les 2 et 3 octobre.

a

S.N.C.F.:Grèves tournantes

Cette fois, c'est certain: les grèves tournantes de la SNCF ne seront pas évitées. A partir de mardi prochain, elles doivent paralyser tour à tour chaque réseau de la SNCF, à raison d'un réseau toutes les vingt-quatre heures. Et tout espoir de voir s'ouvrir des négociations pendant le week-end – pour mettre fin au conflit – est désormais vain.

D'autres conflits sociaux risquent de se durcir dans les jours qui viennent. Aux Potasses d'Alsace, la grève des 8.500 mineurs en était aujourd'hui à son 21e jour. A Saint-Brieuc, les 2.000 salariés de Chaffoteaux et Maury ont cessé le travail depuis six jours et pour une durée illimitée. A la Société des Kaolins de Plemet, toujours dans les Côtes-du-Nord, 120 ouvriers poursuivent un mouvement de grève depuis 47 jours.

Hier, les gendarmes mobiles sont intervenus pour faire évacuer les lieux et, en fin d'après-midi, à l'issue d'une manifestation, les grévistes bloquaient la route nationale 164.

Dans les banques, tous les syndicats ont arrêté le principe d'une grève de 48 heures. Si elle est maintenue, elle devrait intervenir le 30 novembre et le 1er décembre prochains.

France-Soir

b

Vocabulary

arrêter le principe - déterminer le principe
à l'issue - à la fin
syndicat (m) - association de personnes qui travaillent
                  dans un même métier
grève tournante - où l'on fait la grève à tour de rôle

Exercises

1. Translate (a) and (b) into English.

2. Describe in French:
    la rentrée, un syndicat, un professeur.

3. Make French sentences to show the meaning of:
    faire la grève, un rendez-vous, une manifestation.

4. You are working in a factory where the employees decide to go on strike. Explain the reasons for your action in a letter to a French friend. (150–200 words)

5. Translate into French:
    Most people who work belong to a trade union. Whether they belong to what we call the working class, or whether they are members of a profession, they have their own union which looks after their interests.

    Many good reforms have been introduced by the French trade union movement, often by negotiation. When negotiation fails however, members have to use their chief weapon, which is a strike.

    People go on strike most frequently in order to obtain higher wages or salaries because of the rise in the cost of living. Often many working hours are lost, and the economy of the country suffers. When workers in essential services such as the railways decide to strike, the paralysis of the transport system can cause general chaos.

Les grèves, Paris 1968

Définition d'une grève:

GREVE n.f. . . . Ligue légale de personnes qui se coalisent pour faire cesser le travail et qui refusent de le reprendre si l'on ne satisfait pas à leurs réclamations.

(Nouveau Petit Larousse Illustré)

Types de grève

1. Grève tournante

2. Grève désapprouvée par les autorités syndicales

3. Grève de solidarité

4. Grève d'avertissement

5. Grève surprise

6. Grève sur le tas

7. Grève perlée

8. Grève du zèle

9. Grève patronale

10. Grève de la faim

English equivalents but in wrong order:-
hunger, sit-down, staggered, lockout, token, sympathy, lightning, go-slow, work to rule, unofficial.
Try to match them up before looking at the correct order below.

(Clé du problème 10, 6, 1, 9, 4, 3, 5, 7, 8, 2.)

Expansion

1. Quelle est la cause la plus fréquente des grèves?

2. On a appelé la tendance à faire la grève 'la maladie anglaise'. Avec justice?

3. Quelle a été la grève la plus récente en Angleterre. Essayez d'en donner les causes principales.

4. Quelle différence y a-t-il entre un gréviste et un chômeur?

5. Ceux qui chôment ne sont pas si malheureux qu'il y a cent ans. Comment cela se fait-il?

A discuter

a. Les syndicats ont trop de pouvoir.

b. Plus on a de loisir, plus on en désire.

13 Le crime (i)

Détournement d'un Boeing

Sept pirates de l'air se sont rendus maîtres d'un Boeing-727 de la "Compagnie Mexicaine d'Aviation", assurant le vol Mexico-Monterrey et ayant 106 personnes à son bord, puis ont exigé et obtenu la libération de six personnes détenues par les autorités mexicaines avant de repartir avec la majorité des passagers pour Cuba où l'avion est arrivé sans incident jeudi à 0 h 20. Il s'agit du premier acte de piraterie aérienne commis cette année au Mexique.

Le détournement du Boeing s'est déroulé selon un scénario désormais classique. Dès son atterrissage sur l'aérodrome de Monterrey, des négociations se sont ouvertes entre les pirates et les autorités locales. Celles-ci, pour ne pas mettre en danger la vie des 99 passagers et des 7 membres de l'équipage, ont accepté les conditions posées.

Après que des hommes en maillot de bain – tenue exigée par les pirates pour être sûrs que ceux-ci n'étaient pas armés – eurent refait le plein de kérosène, les six prisonniers furent amenés les uns après les autres à bord de l'appareil.

Une femme, Elena Heredia de Romero, pénétra la première dans l'avion. Blessée accidentellement au ventre par balle alors qu'elle nettoyait une arme, elle fut amenée sur une civière. C'est son accident et son arrestation qui avaient permis à la police de mettre la main sur les autres membres du groupe.

Des caisses contenant des munitions et des pistolets mitrailleurs ont été également chargées à bord de l'appareil, ainsi que le prévoyait l'accord passé avec les autorités locales.

On ignore toutefois si les pirates ont obtenu les 320.000 dollars (1.600.000 F) qu'ils exigeaient comme rançon.

Après avoir fait descendre 29 passagers (20 femmes, 7 hommes et 2 enfants), les auteurs du détournement sont repartis emmenant avec eux leurs six camarades "libérés" et gardant en otage 73 passagers et 7 hommes d'équipage.

Le Boeing a alors mis le cap sur La Havane.

Comme à l'accoutumée, les autorités cubaines ont gardé le silence sur cet événement. Cependant, sans doute par inadvertance, la terrasse publique de la gare aérienne était restée ouverte, si bien que plusieurs dizaines de personnes ont pu assister à l'arrivée de l'avion.

Des agents de la sécurité et du personnel médical sont montés à bord pour redescendre peu après avec une civière transportant la jeune femme blessée.

D'autre part, les passagers, les membres de l'équipage, les pirates et les prisonniers remis en liberté ont été conduits dans un salon de l'aéroport, loin de la presse et du public.

On a appris que trois Américains au moins, dont deux diplomates, se trouvaient à bord de l'avion. Ils seraient porteurs d'une valise diplomatique.

Les prisonniers libérés prétendent appartenir à la "Ligue des communistes armés", mais les autorités mexicaines affirment qu'il s'agit de détenus de droit commun, accusés de divers hold-up perpétrés à Monterrey.

Bien que les autorités cubaines n'aient pas encore fait connaître les mesures qu'ils prendront au sujet de l'avion et de ses passagers, on pense généralement qu'ils repartiront pour le Mexique après une nuit de repos.

De son côté, le gouvernement mexicain demandera à Cuba l'extradition des sept pirates de l'air, en vertu d'un traité signé par les deux pays en 1930.

(A.F.P., U.P.I., Reuter.)

Le Figaro

Vocabulary

mettre le cap sur - se diriger vers
détenus - prisonniers

Exercises

1. After reading carefully, write a short account in English of the incident opposite (about 125 words).

2. Explain in French the meaning of:
   la piraterie aérienne, un équipage, une civière.

3. Use the following in French sentences to show their meaning:
   assister à, refaire le plein, mettre la main sur.

4. Imagine you were one of the seven highjackers, and retell the story shortly in French as it seemed to you.

5. Translate into French:
   Crimes of violence rose by 10 per cent in England and Wales in the first nine months of this year, compared with the same period last year, and the same tendency is reflected in several other neighbouring countries. On an international level there has also been a widespread increase in crimes of violence of a new kind, the most disturbing one being the highjacking of civilian planes. In a recent incident a Boeing 727 was held up by seven highjackers with the object of securing the release of six prisoners detained under Mexican law. Their demands had to be met because the lives of over a hundred passengers were at stake. So far no certain method has been found of preventing this holding up to ransom of innocent civilians.

British Airways: Avis aux passagers

Avis aux Passagers

Inspection –
Detention d'Armes

1 Afin d'appliquer les mesures de sécurité en vigueur sur cet aéroport, les passagers sont avertis qu'ils peuvent être soumis à une inspection ainsi que leurs bagages.

2 Le port d'armes est interdit sur les avions BA et tout contrevenant peut être poursuivi.

3 Nous conseillons aux passagers de n'accepter aucun paquet de personnes qui leur sont étrangères car le contenu peut en être dangereux.

4 Les passagers ne doivent à aucun moment laisser leurs bagages sans surveillance.

Expansion

1. Pour quelle raison le port d'armes est-il interdit sur tous les avions de ligne?

2. Pourquoi est-ce qu'on soumet les passagers à une inspection personnelle?

3. Pourquoi est-ce qu'on donne le conseil de n'accepter aucun paquet d'un étranger?

4. Outre les armes, qu'est-ce que ce paquet pourrait contenir?

5. Est-ce que le conseil numéro 4 est bon? Pourquoi?

6. On a avancé bien des théories pour expliquer la multiplication des crimes depuis une dizaine d'années. Avez-vous des idées à ce sujet?

7. On a dit que le surpeuplement du monde en est la cause principale. Qu'en pensez-vous?

8. D'autres affirment qu'on le doit au déclin de la moralité. Etes-vous de leur avis?

9. Il y en a qui blâment le système capitaliste. Est-ce qu'ils ont raison?

10. On supprime peu à peu dans tous les pays civilisés la peine de mort. La France est en Europe la seule démocratie où la peine de mort subsiste. A-t-elle raison?

A discuter

Le recours à la violence par l'Etat encourage la violence.

Grèves à l'O R T F. — des émissions menacées

a

Grèves à l'ORTF samedi et dimanche. Certaines émissions de télé sont menacées et à la radio les stations France-Inter, France-Musique et France--Culture diffuseront un programme unique.

C'est le personnel de l'énergie et de la climatisation qui a déposé un préavis, d'une durée illimitée, pour appuyer leurs revendications consistant en une augmentation de salaire et un réajustement de leur quali-fication professionnelle.

Une centaine d'agents sont concernés par ce mouvement. Tous travaillent à l'alimentation en énergie des installations techniques de l'ORTF à Paris. Selon la FSU (Fédération des Syndicats Unifiés), la totalité du personnel devrait observer cet arrêt de travail dont les répercussions sur les programmes du week-end, et en particulier les émissions en direct, seront sensibles.

C'est ainsi que "Top... à Charles Aznavour" prévu sur la deuxième chaîne-couleur sera probablement supprimée et remplacée par une émission consacrée à Fernand Rayaud. Sur la première chaîne, dimanche après-midi, le contenu de "Sport en fête" est susceptible d'être profondément modifié.

En principe, le mouvement de grève ne devrait pas se poursuivre au-delà du week-end.

La semaine de télévision

b

La troisième chaîne me semble avoir la main heureuse dans ses achats. Par exemple, je trouve tout à fait remarquable la série de petites dramatiques tirées des nouvelles de Somerset Maugham qu'elle diffuse le dimanche soir. Cela vient d'Angleterre et cela a la fameuse "finition anglaise" qu'on admire sur certaines automobiles et dans la papeterie de luxe.

On a beau dire, rien ne fait plaisir comme le travail bien fait. Ces nouvelles de Somerset Maugham m'enchantent. Il ne faudrait pas beaucoup me pousser pour que je déclare qu'elles sont la meilleure émission de la semaine. Chaque histoire est intelligente, bien dialoguée, bien mise en scène; les caractères sont dessinés comme il faut, et on a su rendre jusqu'à

l'esprit de Maugham, mélange de distinction, d'humour et de cruauté.

Je ne parle pas de la couleur locale: c'est la première chose à laquelle s'attachent les réalisateurs. Ici, du moins, elle n'envahit pas tout et, quoique soigneusement rendue, ne masque pas le reste. On goûte parfaitement le dialogue, les situations curieuses, le jeu excellent des acteurs, la peinture de ce petit monde britannique si particulier de 1925.

On éprouve même, ma foi, quelque nostalgie. Dieu que cette époque-là devait être commode pour un romancier! Il avait devant les yeux une société qui n'avait pas bougé depuis cinquante ou cent ans, dont les grandeurs et les ridicules étaient aux mêmes

places qu'autrefois, et qui possédait l'avantage d'être vieille, c'est-à-dire d'être à la fois caricaturale et pâlie. Il suffisait de la regarder et de la reproduire pour avoir une oeuvre d'art.

Heureux Maugham! Et qui ne connaissait pas son bonheur. Les romanciers anglais d'à présent ne savent plus bien quoi raconter, maintenant qu'il n'y a plus d'empire et que les traditions britanniques tombent comme des quilles. De l'influence de la politique sur la littérature. Les artistes ne sont heureux que dans les nations puissantes, organisées, stables et hypocrites. Je m'étonne qu'ils ne soient pas tous pénétrés de cette chose si évidente.

France-Soir

Vocabulary

déposer un préavis - avertir d'avance
climatiser - maintenir l'atmosphère à une pression
(une humidité, une température) donnée

Exercises

1. Translate (b) into English.

2. State clearly in your own words (English) what effect the strikes mentioned in (a) will have on programmes.

3. Express differently in French:
   la main heureuse, la finition anglaise, une revendication, une certaine nostalgie.

4. Discutez l'influence de la télévision sur les jeunes. (200 mots)

5. Translate into French:
   Anyone who wishes to improve his knowledge in almost any field can find in the general educational programmes of the BBC a considerable choice of subjects. Whether his interests lie in the home, in the community or at work, it is possible to find a programme that will widen and deepen those interests. If he wants to find out more about music, the arts and sciences, or perhaps to brush up a language, the opportunity is there.
   One programme this year examines new ideas and recent developments in training for industry and commerce. Another is on the subject of how to use a tape-recorder, while a third deals with careers.

Un programme de télévision français

PREMIÈRE CHAINE

12 h. 30 MIDITRENTE. Emission de Jean-Pierre Renard, présentée par Danièle Gilbert. Avec : Charles Trenet, Johnny Hess et les Compagnons de la chanson. Réalisation : Jacques Brialy.

13 heures VINGT-QUATRE HEURES SUR LA UNE. - 13 h. 15 13 Heures Magazine : Vie moderne. - 13 h. 30 Cours de la Bourse.

13 h. 45 JE VOUDRAIS SAVOIR. Prévention et cancer. — 13 h. 55 Arrêt des émissions.

16 h. 5 R. T. S. PROMOTION. Automatismes. — 16 h. 35 Arrêt des émissions.

18 h. 30 VIVRE AU PRESENT. Jean-Louis Guillaud, directeur de la chaîne III, en direct avec S.V.P.

18 h. 50 « BONNE NUIT, LES PETITS... »

19 heures ACTUALITES REGIONALES.

19 h. 20 CINQUANTE MILLIONS DE CONSOMMATEURS. Les prix des tissus non tissés.

19 h. 25 REPONSE A TOUT. Emission-jeu d'Henri Kubnick, présentée par Annik Beauchamps et Lucien Jeunesse.

19 h. 40 METEO.

19 h. 45 VINGT-QUATRE HEURES SUR LA UNE.

20 h. 15 CES ANIMAUX QU'ON APPELLE DES BETES. Série de Jean-Claude Blondeau et Jean Richard. Les ours.

20 h. 30 « LES AVENTURES DE PINOCCHIO. » (D'après le conte de Collodi.) Premier épisode. Geppetto est un excellent menuisier, mais il manque de travail. Pour avoir un peu de compagnie — il est veuf et n'a pas d'enfant — il fabrique une marionnette. Une nuit, la fée Turquoise promet au pantin qu'il pourra devenir un véritable petit garçon, en chair et en os, mais seulement à la condition qu'il soit sage et obéissant. A la première incartade, il redeviendra statuette de bois. Avec : Andréa Balestri, Nino Manfredi, Gina Lollobrigida, et les voix de Fabrice Bruno, Jacques Balutin, Maurice Baquet. (Lire notre article en rubrique radio-TV.)

21 h. 25 L'HEURE DE VERITE. Emission de Michel Péricard et Maurice Bruzek. A propos de Noël. A-t-on complètement oublié le sens religieux de ce jour ? Pourquoi Noël est-elle devenue une fête profane ? L'émission est consacrée au Père Hamaide, curé de Saint-Séverin. Grand, fort, massif, un visage de lutteur, le Père Hamaide est un curé « moderne ». Face à lui, deux contradicteurs qui débattront sur le thème : « Noël, mythe ou réalité ? », « Que reste-t-il aujourd'hui de l'influence du Christ ? ».

22 h. 40 A BOUT PORTANT. Emission de Jean Wetzell, Jacques et François Gall. Jean Guillou. Titulaire des grandes orgues de Saint-Eustache, à Paris, Jean Guillou se livre à des improvisations.

23 h. 35 24 HEURES DERNIERE, et opération Apollo XVII : retransmission, en différé, de l'amerrissage de la capsule spatiale.

23 h. 50 FIN DES EMISSIONS.

CHAINE II COULEUR

C 12 h. 30 SKI. Coupe du Monde : slalom géant de Madona di Compiglio, commenté par Jacques Perrot.

14 h. 15 R.T.S. PROMOTION. Gestion des entreprises.

C 14 h. 45 « AUJOURD'HUI, MADAME... » Emission d'Armand Jammot, présentée par Nicole André et Gilbert Kahn. Enquête : L'urgence médicale et son fonctionnement.

C 15 h. 25 « ON A VOLE LA JOCONDE ». Film de Michel Deville (1965). Ce film s'inspire d'un fait divers survenu au début du siècle : le vol de la Joconde en 1910. Un jeune homme parvient à subtiliser le tableau, après avoir gagné la confiance des gardiens. Il s'éprend aussi d'un sosie bien vivant de Mona Lisa et le kidnappe. Tous deux sont poursuivis, sur les routes de Provence, par la police, mais aussi par des gangsters et par des illusionnistes épris de la belle. Avec : Marina Vlady, Paul Frankeur, Henri Virlojeux, Jean Lefèvre. — 16 h. 30 Arrêt des émissions.

19 heures ACTUALITES REGIONALES, jumelées avec la première chaîne, ou courts métrages. Pour Paris - Ile-de-France (C) : Emission pour les jeunes, « Musti ».

C 19 h. 30 METEO.

C 19 h. 35 DES CHIFFRES ET DES LETTRES. Emission-jeu d'Armand Jammot. Avec « Le compte est bon » et « Le mot le plus long ».

C 20 heures INF. 2 et Opération Apollo XVII : Retour vers la Terre.

C 20 h. 45 CADET ROUSSELLE. Emission de Jacqueline Duforest et Guy Lux, présentée par Sophie Darel. Ce soir : Gilbert Bécaud. Il chante : « Hi Hai Ho », « Un peu d'amour et d'amitié », « Monsieur Winter, go home », « Seul sur son étoile ». Avec la participation de Séverine, F. Fernandel, France Gall, Pierre Perret, Adamo, Régine, C. Jérôme.

C 21 h. 55 CINE-CLUB : « LES CLOWNS ». Film de Federico Fellini (1970). Un petit garçon est réveillé avant le jour par des bruits inhabituels. Il se dirige vers la fenêtre et voit un cirque s'installer. S'habillant rapidement, il va sur place. Sur la piste, les artistes répètent. Un éléphant prend sa douche, les clowns arrivent. Ce film est en partie autobiographique : le petit garçon n'est autre que Fellini enfant. Avec les clowns Billy, Scotti, Fanfulla, Rizzo...

C 23 h. 25 I.N.F. 2.

23 h. 35 FIN DES EMISSIONS.

Expansion

1. At what time and on what channel can the following be seen:
   News, Share Index, Weather Forecast, Sport, Music, Cinema, Health programme, Serial, Children's programmes

2. Give the English equivalent for:
   l'émission féminine,
   vous êtes à l'antenne,
   jumelées avec la première chaine,
   en direct,
   téléspeakerine

3. At what times during the day are there breaks in television between programmes?

1. Laquelle préférez-vous, la télévision ou la radio? Pour quelle raison?

2. Quelles sont les heures de grande écoute?

3. Quels programmes sont déconseillés pour les jeunes?

4. Si vous avez un programme favori sur la une, décrivez-le.

5. Quel est votre indicatif favori?

6. Vous intéressez-vous aux actualités françaises? Si vous pouvez capter les trois longueurs d'onde, écoutez *France Inter* à midi, une heure, deux heures, et ainsi de suite.

A discuter

La télévision a tué l'art de la conversation.

15

Paris immobilisé par les embouteillages

Les spécialistes de la préfecture de police enrichissent leur vocabulaire. Pour parler de la circulation ils ont trouvé un nouvel adjectif: diabolique.

Vendredi soir, la circulation était effectivement "diabolique" à Paris. Comme si le métro et les autobus étaient en grève, comme si tous les Parisiens avaient brusquement décidé de descendre dans la rue au volant de leur voiture, comme si c'étaient les grandes vacances.

Des milliers de voitures engluées, des carrefours gelés, des places encerclées, treize kilomètres de quais saturés, le périphérique bouché dans les deux sens, toutes les portes de la capitale asphyxiées: c'était le grand carrousel du moteur à explosion. Des records ont été battus: deux heures pour aller des Halles au Pont de Neuilly; quatre-vingt-dix minutes pour se rendre de la place de la Nation à la place Péreire; vingt-cinq minutes pour traverser la Concorde; une demi-heure pour avancer de deux cents mètres rue Réaumur.

Les raisons de cette paralysie brutale de la capitale sont multiples. Le vendredi est toujours un mauvais jour pour la circulation. Surtout quand il pleut. Les automobilistes ralentissent, patinent, égratignent leur carrosserie. Ce vendredi était, d'autre part, la veille d'un jour férié. On se hâtait donc de faire les dernières courses avant la fermeture des magasins. Le tout sous des averses de pluie et de grandes rafales de vent. Vraiment un temps à ne pas mettre un automobiliste dehors.

On affirme sans conviction à l'état-major de la police: "Il y avait longtemps qu'il n'avait pas plu de cette façon. Et à Paris, on ne sait pas rouler sous la pluie. Les gens ont peur de l'accrocage. Ça les paralyse."

Voici dans le choeur des lamentations quelques "solos" spectaculaires:

– Un motard de 18 ans: "Les voitures se tenaient si serrées les unes contre les autres, qu'il était impossible de passer. Même sur les trottoirs. J'ai abandonné ma moto rue Saint-Denis et je suis rentré chez moi, place d'Italie, à pied."

Un représentant de commerce du 14e arrondissement: "On ne roulait pas sur le boulevard des Maréchaux. On n'avançait pas d'un centimètre sur le périphérique. Pour faire place Balard-porte d'Orléans, je suis allé tenter ma chance en banlieue. Il m'a fallu plus de deux heures et j'ai failli me retrouver à Versailles."

Un fonctionnaire: "Je suis parti des Champs-Elysées à 17 h. 30 pour aller à la porte de Vanves. Une heure plus tard, j'ai fait demi-tour à Cambronne. Je me suis retrouvé à mon point de départ à 19 h. 30. J'ai mis deux heures pour rejoindre l'île Saint-Louis."

Ce vendredi 10 novembre a été la répétition, dit-on, à l'état-major de la circulation à la préfecture de police du vendredi 27 octobre, veille du week-end de la Toussaint.

Dès midi, en effet, on avait pu constater une véritable marée de voitures tentant de gagner les portes de Paris. Ces voitures débouchaient difficilement sur les boulevards périphériques déjà surchargés et la circulation de la capitale s'asphyxiait peu à peu.

Le trafic était plus important que l'an dernier à la même époque. Ainsi, dans la journée du 9 novembre 1971, on a enregistré sur le quai des Tuileries 90.000 passages pour 104.000 dans la journée d'hier. D'autre part le nombre des voitures pour la zone urbaine augmente chaque année de 3,5 à 4 p. cent.

France-Soir

Vocabulary

voitures engluées - voitures qui ne peuvent pas avancer
état-major (m) - bureau principal
motard (m) - motocycliste

Exercises

1. Write a précis in English of the passage opposite.
(about 150 words)

2. Describe in French:
un volant, un carrefour, un jour férié.

3. Put into reported speech the paragraph beginning:
Un fonctionnaire . . .

4. Give a detailed account in French of a car journey made by you from one side of your town to the other. (200 words)

5. Translate into French:
   With every year that passes, travel between towns, countries, and continents becomes simpler, faster, and easier. Whether by train, boat or plane, it is immeasurably more comfortable than it would have been a few decades ago.

   A trip across a large city on the other hand is quite a different matter, and sometimes involves a long tiresome journey. It is ironical that the very improvements that make the motor-car cheaper and more accessible to the man in the street, are gradually making travel more and more impossible in towns. The result is that it is now possible to fly from a distant country in just a few hours, and to take just as many hours again to cross the remaining few miles from the airport to one's own door.

Pour le voyageur en France

LEXIQUE - DICTIONARY

AUTOBUS

Aux points d'arrêt.

Faire signe au machiniste.
Heures des premiers et derniers passages.
– Intervalles moyens entre les voitures.
Principaux points desservis.
Entrée-Sortie.

Dans l'autobus.

Complet.
Il est dangereux de se pencher ou de laisser passer le bras à l'extérieur.
Il est interdit de fumer.
Il est interdit de parler au machiniste, sauf nécessité.
Place réservée.
Ouverture et fermeture des glaces.
A chaque terminus le receveur . . . .
. . . .
. . . . . . à celui qui désire que la glace soit fermée.
Arrêt demandé (signal lumineux obtenu par le bouton d'appel).
Sortie interdite.

METRO

Dans les stations.

Arrière des trains.
Limite de validité des billets.
Au-delà de cette limite, les billets ne sont plus valables.
Passage interdit.
Entrée réservée aux voyageurs munis de billets.
Il est formellement interdit de monter dans un train en marche.
Portillon automatique. Ne pas tenter de passer pendant la fermeture.
Poussez.
Présentez séparément votre billet au contrôle.
Compostez vous-même votre billet. Conservez-le jusqu'à la sortie.
Sortie.
Tête des trains.
Tirez.

Dans les trains.

Attention. La fermeture des portes est automatique. Défense absolue d'ouvrir les portes avant l'arrêt et de se pencher au dehors. Le train ne peut partir que les portes fermées. Ne pas gêner leur fermeture.

Attention. Ces banquettes sont réservées par priorité :
1° aux mutilés de guerre;
2° aux aveugles civils, aux mutilés du travail et aux infirmes civils;
3° aux femmes enceintes et aux personnes accompagnées d'enfants âgés de moins de 4 ans.
Conservez votre titre de transport jusqu'à la sortie. Il peut être contrôlé dans les stations et dans les trains, **même en 2° classe.**

La station Rue MONTMARTRE dessert le boulevard et la rue Montmartre, la rue du Faubourg-Montmartre et non la BUTTE MONTMARTRE, elle-même desservie par la station ANVERS.

BUS

At stopping places.

Signal driver to stop.
Time of first and last buses. – Average interval between buses.
Principal points served.
Entrance-Exit.

In the bus.

Full.
Leaning or hanging arms outside is dangerous.
Smoking prohibited.
It is strictly forbidden to talk to the driver, unless necessary.
Reserved seat.
Opening and shutting of the windows.
Passengers may open or shut the windows, but in cases of disagreement, those who want the windows shut shall be given satisfaction.
To alight at next stop, press the push button (which starts a signal light).
Alighting forbidden.

UNDERGROUND

Inside the stations.

Rear of the trains.
Beyond this limit, your ticket is no longer valid.

No entrance.
Entrance reserved for ticket holders.

It is strictly forbidden to get on a moving train.

Automatic door. Do not try to pass whilst closing.
Push.
At the barrier each person must show his own ticket.
Cancel yourself your ticket. Keep it until leaving the network.
Exit.
Front of the trains.
Pull.

In the trains.

Beware. Closing of doors is automatic. Opening of doors and leaning outside whilst the train is moving is strictly forbidden. The train can start only when the doors are shut. Do not interfere with their closing.

Holders of special cards (invalids..., pregnant women, persons accompanying children under 4 years of age) have priority for these seats.

Keep your ticket until leaving the network. Further checking may take place in the stations or on the trains, **even in 2nd class carriages.**

The station called « Rue MONTMARTRE » serves the street, boulevard and faubourg of the same name but to visit the well-known MONTMARTRE, get off at ANVERS station.

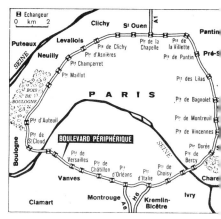

Boulevard périphérique parisien

Régie Autonome
des Transports Parisiens

Expansion

1. Comment est-ce qu'on fait signe au machiniste en France?

2. Pourquoi est-il interdit de lui parler?

3. Il en est de même en Angleterre?

4. Y a-t-il des places réservées dans les autobus anglais?

5. Le Métro à Paris est un réseau à prix unique. Quels sont les avantages de ce système?

6. On y trouve deux classes. En première, les billets sont contrôlés dans le wagon. Pour quelle raison?

7. Quels sont les avantages de voyager en première?

8. Les grandes agglomérations posent des problèmes de transport. Si le transport public était gratuit, y aurait-il tant d'embouteillages?

9. Si toutes les villes, grandes et petites, avaient un boulevard périphérique, est-ce que cela résoudrait ce problème?

10. Quand on est piéton, il est parfois prudent d'emprunter le souterrain. Pensez-vous que le piéton coure de plus grands risques que l'automobiliste?

A discuter

Le port d'une ceinture de sécurité devrait être mandataire en Angleterre, comme en France.

16

Crise du dollar

Durant toute la journée de dimanche, il y a eu des consultations fiévreuses entre les gouvernements qui ont décidé la fermeture provisoire des marchés de changes à partir de ce lundi matin. Une conférence avec la participation des principaux pays intéressés pourrait se réunir cette semaine à Paris pour rechercher un compromis entre les divers pays intéressés.

L'objet des négociations en cours est de rechercher les moyens qui permettraient de sortir, du moins provisoirement, de la crise actuelle. Le retour pur et simple aux parités monétaires établies voici à peine quatorze mois par l'accord de Washington n'apparaît plus possible. Dès lors, que peut-il se passer?

Trois solutions sont possibles:
1. **Un nouveau réalignement des monnaies.**

C'est la solution préconisée notamment, par les Japonais, les Italiens et certains responsables de l'administration américaine. Dans ce cas, le dollar, la livre sterling et peut-être la lire italienne seraient dévalués, le yen japonais, le mark allemand, le florin hollandais, les francs suisses et belges réévalués dans des proportions variables.

2. **Un flottement général des monnaies.**

On laisserait au marché, c'est-à-dire à l'offre et à la demande, la possibilité de fixer la valeur des diverses devises, sans l'intervention des banques centrales, avant d'établir de nouvelles parités fixes. La préférence du gouvernement allemand irait à un flottement concerté des monnaies européennes.

3. **Chaque pays choisirait sa propre ligne de conduite.**

Les gouvernements agiraient en ordre dispersé: certains pourraient opter pour le flottement, d'autres pour la réévaluation ou la dévaluation, d'autres encore ne bougeraient pas. Ce serait chacun pour soi. Les gouvernements adopteraient leur ligne de conduite en fonction de leurs intérêts nationaux.

France-Soir (adapté)

Vocabulary

préconisé - recommandé
en ordre dispersé - par intervalles

Exercises

1. Translate the article into English.

2. Make a list of the various currencies mentioned in the article, and add any others you know.

3. Use the following in French sentences to show their meaning:
   la fermeture provisoire, rechercher un compromis, l'offre et la demande.

4. Write an account in French of your preparations for a visit to France, not forgetting money, passport, etc. (150 words)

5. Translate into French:
   Money is supposed to be the root of all evil. It certainly is at the root of a great many international crises that fill the headlines and then are heard of no more. Somebody must have solved them. The ordinary man in the street frankly does not pretend to understand about devaluation, revaluation, rates of exchange, the gold standard, or the wisdom of floating certain currencies. Even those who have made a specialised study of the subject often fail to agree on methods of dealing with a monetary crisis.

Billets de banque français

Francs

Centimes

1 centime

2 centimes

Expansion

1. Quel est le taux de change actuel pour le franc?

2. A supposer qu'il est de 10,50 francs, calculez la valeur en livres sterling d'un billet de banque de 500 francs, puis de tout l'argent représenté ci-contre.

3. Si vous êtes calé en mathématiques, voici quelques problèmes:

   a. Combien de centimes y a-t-il en 1.065.363,75 francs?

   b. Une salle de séjour mesure 4,5 sur 6,5 mètres. Combien de mètres carrés de tapis faudrait-il pour la recouvrir?

   c. Si le formule 'pi fois le rayon carré' représente l'aire d'un cercle, calculez l'aire d'une cour circulaire, dont le rayon mesure 20 mètres.

4. Ecrivez en toutes lettres: $\frac{2}{3}$, $\frac{1}{2}$, $\frac{3}{4}$, 6,125, 1st, 71, 1.263.404

5. Montrez, au moyen de trois phrases différentes, la différence entre *chiffre, nombre, numéro.*

6. What would be the English equivalent of:
   l'Hôtel de la Monnaie,
   le papier vert,
   l'étalon-or,
   le contribuable?

A discuter

a. Les avantages d'une seule unité monétaire européenne.

b. L'homme de la rue est trop imposé.

17

La santé

Alerte à la grippe dans 33 pays a

Un nouveau virus grippal vient d'être signalé par le Grand Quartier général de la grippe, à Londres. Il est britannique. Il est différent de celui que nous connaissons depuis une dizaine d'années, celui de Hong Kong. On l'a provisoirement baptisé A. Angleterre 4272. Dans l'immédiat, il n'existe encore aucun vaccin pour lutter contre lui. Il faut au moins deux mois pour cultiver les remèdes préventifs. Si l'on est touché dans les semaines à venir, la seule conduite à tenir est donc de surveiller les plus faibles qui nous entourent: les vieillards, les enfants, les femmes enceintes; de s'isoler à la maison si l'on est atteint de maux de tête persistants, d'une fatigue anormale proche de la prostration, de catarrhe, et de prendre de l'aspirine.

A part Londres, avec ses ordinateurs qui reçoivent, en moyenne, chaque année plus de 25.000 rapports sur les cas de grippe dans le monde, près de 100 laboratoires dans 33 pays suivent, au jour le jour, l'évolution des épidémies éventuelles de grippe. Cette dernière peut, en effet, tuer autant, plus même, qu'une guerre.

Des thérapeutiques nouvelles sont intervenues. Et pourtant la fameuse grippe de Hong Kong en 1968-1969 fut responsable pendant le seul mois de décembre, où elle connut un sommet, de près de 11.000 morts en France.

Les épidémiologistes estiment qu'elle peut entraîner, dans le pire des cas, la perte annuelle de 50 millions de journées de travail. Elle constitue un fardeau pour la Sécurité sociale. Ainsi, lors de la dernière grande épidémie, celle de 1969, le nombre de visites médicales remboursées s'est élevé pour le seul mois de décembre à près de 4 millions et demi contre près de 3 millions en novembre.

Il est donc important de ne pas s'exposer aux attaques du nouveau virus sans oublier pourtant comme l'a souligné hier, le Dr Hannoun, de l'Institut Pasteur, que les vaccins mis au point ces dernières années, s'ils ne confèrent pas une protection totale contre le nouveau virus, peuvent néanmoins protéger ceux qui y ont recouru et que 37% des Français sont naturellement immunisés.

Le Parisien

Transplantation d'organe: un ordinateur au b
service des chirurgiens

Le problème de la conservation des organes entiers tels que le rein, le coeur, le poumon, le foie n'est pas encore résolu, et il n'existe pas de banques d'organes comme pour le sang ou les cornées.

Par contre, une organisation, véritable banque virtuelle, existe à l'échelon national, et même européen et mondial.

C'est au fichier central, à Paris, de l'organisme national "France Transplants" que sont centralisés tous les malades en attente d'une greffe. Des liaisons existent avec l'Angleterre, la Suisse, les Pays-Bas et le Danemark.

Lorsqu'un des centres provinciaux signale l'existence d'un donneur possible, on procède à son groupage tissulaire et sanguin (globules blancs). En quelques minutes, grâce à un ordinateur, on peut comparer les caractéristiques du donneur avec celles des différents malades en attente et alerter le centre hospitalier qui doit réaliser la transplantation.

Les chances de succès de la greffe ne dépendent pas seulement d'une compatibilité étroite entre donneur et receveur, mais aussi de la rapidité de l'opération. Lorsque tout est en place pour effectuer la transplantation, on procède au prélèvement du rein du donneur. Celui-ci est alors acheminé par les moyens les plus rapides dans un conditionnement spécial vers le lieu de la greffe.

Cette coopération permet d'obtenir la meilleure compatibilité possible entre donneur et receveur et permet d'élever le pourcentage de réussite. Celui-ci est de 90% lorsque le rein provient d'un frère ou d'une soeur, de 80% lorsqu'il s'agit des parents et de 50% si le rein prélevé provient d'un cadavre.

France-Soir

Vocabulary

mis au point - développés au point le plus favorable
à l'échelon national - au niveau national

Exercises

1. After reading (a), make a short summary of its main points in English. (about 90 words)

2. Translate (b) into English.

3. Explain in French the meaning of:
une fatigue anormale, une banque d'organes, une greffe du coeur.

4. Message personnel: 'Monsieur X., circulant dans le Gers à bord d'une Peugeot bleu-marin, immatriculée 62 56 QF 75, est prié de se rendre d'urgence à Paris, où son fils Maurice X. est gravement malade.'
Quelle histoire peut bien se cacher derrière cette annonce? (200 mots)

5. Translate into French:
Records show that influenza is one of the oldest diseases to afflict mankind. Even today it still results every year in the loss to the country of thousands of working days, and has sometimes caused more deaths than a major war.
Every time an epidemic is expected, the complaint seems to be caused by a new virus, and to require new methods of treatment. While waiting for the new vaccines, the best plan obviously is to avoid catching the disease! In this connection the following advice is usually considered to be good:-
1. Keep as much as possible in the open air.
2. Avoid warm, crowded rooms, theatres, trains etc.
3. Eat plenty of raw fruit, green vegetables, and dairy produce such as milk, cheese and eggs.
4. Have a hot drink at bed-time made of orange or lemon juice, with a large spoonful of honey in it.

Section 2

Quelques remèdes populaires

Expansion

1. After looking through these typical French advertisements, what would seem to you to be a likely cure for (a) a liver upset, (b) a sprained ankle, (c) tired feet, (d) painful itching?

2. Where would you seek treatment for (a) skin complaints, (b) diabetes?

3. What sort of treatment is offered by an *'établissement thermal'*?

4. Give the names of three well known French or English *'stations thermales'*.

1. Pourquoi est-il important de savoir son groupe sanguin?

2. Pour quelles raisons est-ce qu'on passe une visite médicale?

3. On entend souvent parler de nouvelles transplantations d'organes. Est-ce que vous vous soumettriez à une telle opération?

4. Comment expliquer le fait que des millions de gens continuent à fumer, bien que les risques en soient bien connus?

5. De tous les cinq sens (vue, odorat, ouïe, toucher, goût), lequel est à votre avis le plus important? Pourquoi?

6. Quelles qualités un bon médecin (une bonne infirmière) doit-il (elle) posséder?

A discuter

a. Qui veut devenir centenaire?
b. Le rôle de l'Organisation Mondiale de la Santé.

L'environnement

Produits toxiques sur une plage du Cotentin

CHERBOURG, samedi.
Un pêcheur de Saint-Marcouf a découvert sur la plage, sur la côte Est du Cotentin, un fût cylindrique et une dizaine d'objets métalliques, d'un diamètre équivalent à celui d'une bouteille.

La préfecture de Saint-Lô, alertée, dépêcha sur les lieux le directeur départemental de la Protection civile. Fût et containers furent dirigés sur l'arsenal de Cherbourg pour y être examinés. Le fût contenait un produit toxique, non encore identifié, accompagné d'une notice en portugais. La dizaine de containers métalliques renfermait du phosphore de calcium. Il s'agirait de fusées utilisées par les sous-marins pour signaler leur présence en exercice.

Une enquête a été ouverte pour déterminer leur provenance, ainsi que celle du fût.

France-Soir

Aucun accroissement de la radioactivité en Nouvelle-Zélande

Les échantillons prélevés quotidiennement dans l'atmosphère au-dessus du Pacifique ne révèlent aucun accroissement de la radio-activité après les essais nucléaires français, a déclaré le directeur des laboratoires nationaux des radiations de Nouvelle-Zélande. L'examen des échantillons de pluie s'est révélé également négatif, a-t-il ajouté.

D'autre part, le ministère philippin des Affaires étrangères a rendu public le texte d'une note que lui a fait remettre l'ambassade de France à Manille après la protestation des Philippines. L'ambassade estime "que les accusations élevées contre les expériences nucléaires françaises ne sont pas justifiées. Elle attire une fois de plus l'attention sur le fait qu'elles sont entreprises uniquement pour permettre à la France, qui demeure fidèle au rôle de progrès qu'elle a constamment joué dans l'Histoire, d'oeuvrer avec efficacité au maintien de la paix et plus particulièrement d'éviter la confrontation des blocs qui sont commandés par les super-puissances".

La Grande-Bretagne refuse la réglementation européenne sur les transports routiers

LONDRES 28 novembre
Le gouvernement britannique acceptera demain à la Chambre des Communes, une motion de l'opposition travailliste exprimant la crainte de voir l'environnement mis en danger par l'augmentation du tonnage autorisé des véhicules lourds. Ainsi, la Grande-Bretagne marquera ses réserves vis-à-vis de la future réglementation communautaire sur les transports routiers.

M. John Peyton, ministre britannique des Transports, n'a pas perdu encore tout espoir de faire revenir les "*Six*" sur leur décision d'autoriser à partir de 1980 la circulation de camions de 40 tonnes, ou, à défaut, d'obtenir qu'ils retardent leur décision jusqu'à l'accession des trois nouveaux partenaires de la Communauté, afin de ne pas placer ces derniers devant le fait accompli.

La législation britannique interdit la circulation de camions de plus de 32 tonnes ou de ceux dépassant 10 tonnes par essieu.

Le Figaro

Vocabulary

fût (m) - tonneau
essieu (m) - axe qui supporte le poids d'un véhicule

Exercises

1. Translate (a) and (b) into English.

2. State briefly in two or three English sentences the main points in (c). (about 30 words)

3. Describe in French:
   une bouteille, un produit toxique, un échantillon.

4. Si vous étiez Ministre de l'Environnement, discutez les démarches qui vous sembleraient nécessaires pour améliorer notre qualité de vie (200 mots)

5. Translate into French:
   Suddenly (and perhaps too late, according to the pessimists,) we have become aware of the damage we are doing to our environment. Care of the environment has become important almost overnight, after decades of exploiting the natural resources of this planet without thinking of the future.
   What have we been doing then, unthinkingly or otherwise? The answer is not a comfortable one. We have been polluting the rivers and canals with industrial waste, poisoning the atmosphere with nuclear experiments, filling the air with toxic fumes from factories and motorcars, spoiling our beaches with oil carelessly spilt in the sea, and destroying the beauty of the countryside with mining operations. This is only part of the answer.

Le Havre — port pétrolier

La vidange des pétroliers en mer sera plus sévèrement réprimée

Le Figaro

UN projet de loi adopté mercredi en conseil des ministres aggrave sensiblement les peines frappant les responsables de déversements « inconsidérés » d'hydrocarbures en mer.

Ces nouvelles pénalités tiennent compte des amendements apportés en 1969 à la convention internationale sur les hydrocarbures et ratifiés par la France le 4 février 1972.

Les capitaines de bateaux-citernes d'une jauge égale ou supérieure à 150 tonneaux ou ceux d'autres navires d'une jauge égale ou supérieure à 500 tonneaux qui n'auront pas respecté les dispositions de la convention internationale (interdiction de déverser des hydrocarbures à moins de 50 milles des côtes ; au-delà de cette zone limitation du rejet à 60 mètres par mille parcouru), encourront désormais les peines suivantes : une amende de 10.000 à 100.000 francs (au lieu de 2.000 à 20.000 francs : un emprisonnement de trois mois à deux ans de la première infraction (au lieu de 10 jours à six mois prévus auparavant en cas de récidive).

Pour les petits navires les peines d'emprisonnement restent inchangées mais les peines d'amende ont été réajustées. A la première infraction, elles passeront de 3.000 à 30.000 francs au lieu de 2.000 à 20.000 francs) et en cas de récidive de 6.000 à 60.000 francs au lieu de 5.000 à 50.000 francs.

Si l'infraction a été commise sur ordre du propriétaire ou de l'exploitant du navire, ceux-ci seront désormais punis des mêmes peines que le capitaine, le maximum des peines étant toutefois doublé.

Les amendes, souligne le projet, ont été fixées volontairement à un niveau notablement supérieur au coût du dépôt d'hydrocarbures dans une station portuaire spécialisée, afin de dissuader les capitaines et les armateurs de prendre le risque de rejeter leurs résidus en mer.

Vocabulaire

rayonnements (m) - radiation
mazout (m) - oil

Expansion

1. Quels sont les pires résultats de la vidange des pétroliers en mer?

2. Suffit-il, à votre avis, que les coupables soient frappés d'une amende?

3. Que peut-on faire, quand une station balnéaire est menacée par le mazout?

4. On parle souvent d'une pénurie mondiale d'essence. Qu'est-ce qui pourrait bien remplacer l'essence comme source d'énergie?

5. Est-ce que l'emploi de l'énergie nucléaire est à souhaiter?

6. Le bruit menace de plus en plus la paix de notre vie journalière. Qui est-ce qui en souffrent le plus?

7. Que faut-il faire, pour que tout le monde à l'avenir s'intéresse davantage à l'environnement?

8. Quels projets de loi, par exemple, faudrait-il faire adopter, pour empêcher que les rivières et les mers ne soient polluées par les déchets de l'industrie?

A discuter

a. On a déjà trop exploité les ressources du monde.

b. L'avenir de nos enfants est menacé par la cupidité de l'homme.

19 L'enseignement

Une maternelle à l'université

L'université ne s'intéresse pas aux enfants. Pour y être admis, il faut avoir fait ses preuves: avoir réussi son bachot ou certains examens spéciaux en un mot, il faut être "grand".

Mais ces "grands" parfois se marient, parfois aussi ont des enfants. Alors là c'est "tant pis pour eux". Ils "n'ont qu'à se débrouiller", les faire garder, même s'ils n'ont pas d'argent, les mettre dans une crèche, s'ils y trouvent de la place. Bien souvent, la jeune maman devra arrêter ses études: il n'y a pas pour elle d'autre solution.

L'université de Vincennes (Paris-VIII) a résolu le problème de façon originale: elle a intégré à ses propres locaux une école maternelle où étudiants, enseignants et membres du personnel viennent déposer leurs enfants avant de commencer le travail.

Rares sont encore les universités françaises qui possèdent une crèche ou une halte-garderie. Les Beaux-Arts en ont une, c'est la suite de la "crèche sauvage" où les parents pour se dépanner mutuellement accueillaient à tour de rôle les enfants dans les locaux inadaptés, sans matériel et sans personnel spécialisé. Vincennes aussi a sa

crèche qui devrait rouvrir prochainement, mais elle a, en plus, une école maternelle; situation particulière: elle est seule dans ce cas en France.

L'origine de cette école est confondue avec celle de Vincennes: l'université étant destinée à accueillir une forte proportion d'étudiants salariés, il fallait penser à des installations pour leurs enfants. Les plans de l'architecte prévoyaient une halte-garderie. Ce fut, mieux que cela, une école maternelle comme les autres. Elle a une directrice et dépend de la ville de Paris.

"Ce qui m'arrange, c'est de pouvoir mettre mes enfants quand je veux et de les reprendre quand je veux", me dit cette jeune maman. L'école maternelle de Vincennes a dû, en effet, adapter son rythme à celui des étudiants: elle fonctionne de 8 heures du matin à 22 heures, c'est-à-dire du premier au dernier cours.

Les 120 élèves sont donc rarement tous là en même temps, c'est aux instituteurs de choisir le bon moment pour les réunir en petits groupes ou leur faire pratiquer plutôt des activités individuelles. Pour assurer les quatorze heures de

présence quotidiennes, ils sont obligés de se relayer. A six, ils forment deux équipes de trois: parmi eux une jeune allemande – ce qui a permis de mener une expérience de bilinguisme – et un jeune instituteur.

Les locaux de la maternelle ont été construits *"en dur"*. *"Ce sont presque les plus beaux locaux de Vincennes"* dit l'administration de l'université. Rien n'y manque depuis les grands sanitaires, très modernes, la salle pour dormir, avec les lits de camp ou la pelouse et le tas de sable.

Rien n'y manque, sauf la place. Vincennes a été construit pour 8.000 étudiants, on a compté cette année jusqu'à 16.000 inscriptions. L'école maternelle est–déjà–trop petite: plus d'une centaine de parents sont inscrits sur la liste d'attente. Alors on espère que sera décidée la construction d'autres bâtiments pour l'école. Ce serait la meilleure preuve que l'expérience est jugée intéressante.

Le Figaro

Vocabulary

dépanner - tirer d'embarras
halte-garderie (f) - local dans une école pour les petits
enfants en dehors des heures de classe

Exercises

1. Write a précis of the passage in French or English.
   (about 125 words)

2. What is the English equivalent of:
   *une école maternelle, une liste d'attente, un lit de
   camp, des locaux inadaptés, une expérience?*

3. Express differently in French:
   *ils n'ont qu'à se débrouiller,
   pour se dépanner mutuellement,
   ils sont obligés de se relayer.*

4. Describe in French what you can remember of your first
   day at school. (200 words)

5. Translate into French:
   The idea of having a day-nursery associated with a
   university is not entirely new. The need has long been felt
   in this country also. Now that many students get married
   while still at college, and find themselves with a young
   child to look after, it becomes very necessary in some
   cases where the older parents cannot or will not cooperate,
   for the students to find a friendly institution that will be
   responsible for the child during lectures and study periods.
   Such a day-nursery as the one attached to Vincennes
   University is a great boon. It would also be appreciated by
   older women with young children, who have suddenly
   been widowed or divorced and need to start training
   for a career in order to support their children.

Pages d'un livre classique français: géographie

RÉFLÉCHISSEZ.

1. Citez 3 sortes de routes. Comment reconnaît-on une route nationale? Qu'est-ce qu'une autoroute? Quelles marchandises un camion pourra-t-il transporter dans le sens Marseille-Paris? dans le sens Paris-Marseille?

2. Pourquoi le réseau des chemins de fer français est-il comparable à une toile d'araignée? Quels sont les grands centres ferroviaires de France?

3. Pourquoi y a-t-il 2 aéroports aux portes de Paris?

4. Pourquoi le réseau navigable est-il surtout important dans le Nord et le Nord-Est de la France? Quelles marchandises peuvent emprunter la voie d'eau entre Paris et Rouen? entre la région du Nord et Paris?

5. Qu'est-ce que la banlieue d'une ville? Pourquoi depuis un siècle les banlieues se développent-elles?

6. Quel est le chiffre de la population française? Qu'appelle-t-on population rurale? population urbaine? Quelle est celle qui s'accroît?

LISEZ LA CARTE.

7. Montrez sur la carte les principales voies ferrées reliant Paris aux grandes villes. Quelles lignes faut-il emprunter pour aller de Nantes à Strasbourg? de Bordeaux à Lyon ou à Marseille?

8. Montrez les voies navigables qui relient Paris à la région du Nord — à Strasbourg — à Lyon. Comment une péniche peut-elle aller de Rouen à Nancy ou à Lyon?

Citez 2 ports d'estuaire — 2 ports fluviaux — 2 ports de guerre.

9. Situez sur la carte les régions de France les plus peuplées — les moins peuplées. Nommez les grandes villes que vous connaissez.

10. Sur la carte de la région parisienne, montrez les voies navigables — les voies ferrées — les aéroports — les autoroutes — les grands parcs. Situez les villes de banlieue que vous connaissez. Nommez les grandes gares de Paris.

EXERCEZ-VOUS.

11. Calculez le temps mis par le rapide « Le Mistral » qui part de Nice à 13 h 05 et arrive à Paris à 23 h 25. Quel temps gagne-t-on en prenant un avion qui joint Nice-Paris en 2 heures? Quelle est la dépense supplémentaire? (prix du billet par chemin de fer : 160 F. — par avion : 200 F.).

12. Calculez la densité de la population dans les trois départements suivants :

Seine . . .	480 km²	5 650 000 hab.
Nord. . . .	5 700 —	2 300 000 —
Landes. . .	9 400 —	260 000 —

13. Croquis de la région parisienne en vous aidant du quadrillage ABCD et en doublant les dimensions. Indiquez les aérodromes, les autoroutes, les cours d'eau. Situez 3 villes de la banlieue industrielle, 3 villes de la banlieue de résidence.

14. Croquis de Paris. Situez les principales gares, les quartiers commerçants (en violet), les quartiers industriels (en gris), les quartiers d'habitations bourgeoises (en jaune).

Expansion

1. Les questions ci-contre sont destinées aux élèves français de 9 à 10 ans d'âge. Essayez d'y répondre.

2. Quelles matières étudiez-vous cette année? Est-ce que le programme vous plaît?

3. Si vous avez une bourse, est-elle suffisante?

4. En France, comme en Angleterre, les bourses sont accordées en fonction des biens que possède le père. Est-ce juste?

5. Si vous êtes reçu, quel métier allez-vous choisir, et pour quelles raisons?

A discuter

a. Désavantages d'un système d'enseignement centralisé, comme en France.

b. Faut-il abolir les grandes écoles privées en Angleterre?

c. L'enseignement français est gratuit et laïque. Le nôtre devrait aussi être laïque.

d. Les étudiants devraient jouer un rôle plus grand dans l'organisation de leur collège et de leurs études.

e. Les écoles mixtes sont les meilleures.

Le malaise social

Manifestations estudiantines à Paris, Turin et Milan

(a) Voitures brûlées ou renversées en travers de la rue, chaussée pavée de projectiles divers, grappes d'étudiants rassemblés sur les terrasses: de nouveaux incidents se sont produits hier soir à la faculté des Sciences de la Halle aux Vins.

Les premiers heurts ont éclaté vers 17 heures à l'angle de la rue des Fossés-Saint-Bernard et de la rue Jussieu. Aux projectiles lancés par les manifestants répondaient les grenades lacrymogènes des forces de l'ordre. A 18 h 30, une voiture était incendiée à quelques mètres de la faculté.

A 20 heures, alors que M. Jacques Lenoir, préfet de police, se rendait sur les lieux, les échanges de projectiles s'intensifiaient, mais les forces de l'ordre faisaient reculer les étudiants à l'intérieur de la faculté et les poursuivaient jusqu'au premier étage.

A 22 h 15 le calme était revenu et les cars de police quittaient les abords de la Halle aux Vins. Bilan des manifestations: treize interpellations. On ignorait hier soir le nombre des victimes.

(b) TURIN ET MILAN

Des policiers ont tiré sur des manifestants qui les attaquaient, à Turin et à Milan. Dans la première ville, un jeune homme et une jeune fille ont été blessés sérieusement dans le dos. A Milan, un étudiant a été mortellement atteint et un ouvrier est à l'hôpital avec une balle dans un poumon. L'agent qui a tiré, a déclaré la police, s'est affolé parce que la foule qui l'entourait avait mis le feu à sa voiture. Son camarade a tiré, lui aussi, pour se dégager, mais en l'air.

En quelques jours, d'autres incidents, aussi inquiétants, se sont produits. Un jeune Anglais qui assistait à Milan à une manifestation estudiantine a été assommé à coups de barre de fer. Il souffre d'une fracture du crâne. Non loin de là, un pavé a été lancé sur un policier. Ce dernier risque de perdre un oeil. Dans la capitale lombarde, où le mois qui s'achève a été particulièrement "chaud", on a enregistré, depuis le 1er janvier, quatre attentats à l'aide de cocktails Molotov, quatre attentats au plastic, six agressions contre des policiers et onze attaques contre diverses personnalités politiques.

L'opinion publique commence à être très préoccupée par ce regain de violence. Beaucoup d'Italiens se demandent si leurs policiers savent faire preuve de suffisamment de sang-froid. M. Vicari, chef de la police, est "monté" de Rome à Milan pour mener personnellement son enquête sur les incidents les plus sanglants de ces derniers jours. Enquête très difficile dans la mesure où plusieurs éléments troubles viennent singulièrement l'obscurir:

1 Pour ce qui est de l'incident au cours duquel un étudiant a été tué, des témoins affirment que les deux agents n'ont pas été seuls à tirer. Un troisième personnage, disent-ils, a ouvert le feu lui aussi. Il était en civil mais se tenait à côté des policiers.

2 La presse d'opposition réclame à cor et à cri que les magistrats entendent le policier meurtrier. La police refuse: "Il est victime d'un choc psychique, dit-elle, et ne peut quitter la clinique où il se trouve."

France-Soir

Vocabulary

lacrymogène - qui fait pleurer
plastic (m) - explosif plastique
à cor et à cri - à grand bruit

Exercises

1. Translate (a) and (b) into English.

2. Give a clear French definition of the following:
   une grenade lacrymogène, un manifestant, une foule.

3. Express differently in French:
   bilan des manifestations: 13 interpellations,
   les incidents les plus sanglants,
   un étudiant a été mortellement atteint.

4. Describe in French a demonstration you have taken part in, seen, or read about. (200 words)

5. Translate into French:
   We have been familiar with strikes for a long time in this country, but during the past few decades they have become more frequent, and with them many other forms of social protest. Sit-ins and demonstrations cause no surprise any more. The former are sometimes resorted to in industrial disputes, and also by students when protesting against some infringement of their rights. Demonstrations too are a favourite form of protest among students, as it sometimes seems to them to be the only way of bringing certain issues before the public. Few, least of all the French, will have forgotten the wave of student demonstrations that swept over France in May 1968, and threatened to bring about the downfall of the Government.

Jeunes révolutionnaires

Enragez-vous !

L'économie est blessée, qu'elle crève!

Expansion

1. Avez-vous jamais manifesté, pour une cause quelconque?

2. Pour quelles raisons les ouvriers manifestent-ils de temps en temps?

3. Nommez quelques causes du malaise social dans l'Irlande du Nord.

4. Discutez ce qu'on pourrait faire pour ramener l'ordre dans ce pays.

5. Dans quelles circonstances est-ce qu'on se sert de gaz lacrymogène?

6. Pourquoi les indigènes de l'Afrique du Sud manifestent-ils de temps en temps?

7. On parle souvent de l'occupation pacifique d'un immeuble. De quoi s'agit-il?

8. Pour quelles raisons des groupes de gens empêchent-ils quelquefois de laisser passer la circulation?

9. Quels défauts dans le système d'enseignement français ont causé les manifestations estudiantines de l'année 1968?

10. Pourquoi les jeunes gens de nos jours rejettent-ils si souvent les idées et les ambitions de leurs parents?

A discuter

a. 'Le besoin de manifester démontre un déclin dans le rôle du parlement dans une démocratie.'

b. Une manifestation pacifique a souvent plus de force que la violence.

21 La politique

Dixième anniversaire du traité franco-allemand

Dix ans jour pour jour après la signature, le 22 janvier 1963, du traité d'amitié et de coopération franco-allemand, auquel le général de Gaulle et Conrad Adenauer avaient attaché leur nom, le président Pompidou et le chancelier d'Allemagne Fédérale, Willy Brandt, en célèbrent lundi et mardi à Paris le dixième anniversaire. Trois entretiens en tête-à-tête sont prévus. Les deux hommes d'Etat se retrouveront également pendant près de deux heures au cours d'un déjeuner de travail. Mardi, des entretiens "élargis" réuniront délégations française et allemande.

Geste auquel il entend donner une signification particulière, le chancelier fédéral qui est arrivé lundi matin à Orly, devait déposer ce même jour, à 15 h 15, une gerbe de fleurs sur la tombe du Soldat Inconnu.

Le traité franco-allemand a connu des crises: premier veto du général de Gaulle à l'entrée de la Grande-Bretagne dans le Marché commun, difficulté de la mise en place d'un marché agricole européen, retrait des troupes françaises de l'OTAN. Mais le traité a conservé sa forme majeure: créer un système de consultations permanentes: chefs d'Etat et de gouvernement se rencontrent deux fois par an, les ministres tous les trois mois, les hauts fonctionnaires à intervalles réguliers. Si bien que les liens tissés se sont révélés plus solides qu'on ne l'avait pensé au début. Certes, la marche en avant de l'Europe a dilué la coopération franco-allemande dans un ensemble plus vaste. Il n'en reste pas moins que, selon le chancelier Brandt, le traité d'amitié "est devenu un élément de la vie de l'Allemagne" tandis que, pour Georges Pompidou, les relations entre les deux pays sont "exemplaires".

France-Soir

Exercises

1. Write a summary in English of the passage opposite.
   (about 50 words)

2. How would you express in English:
   Trois entretiens en tête à tête sont prévus;
   la mise en place d'un marché agricole européen;
   il n'en reste pas moins que . . .

3. What are the English equivalents of: OTAN, ONU,
   le Matignon, le Quai d'Orsay, l'Elysée?

4. Que savez-vous des événements mondiaux entre 1939
   et 1945? (200 mots)

5. Translate into French:
   The French want to change their society, to judge by
   their harsh treatment of the Gaullists on Sunday. They
   have had 15 years of the Gaullist way of government.
   They now aspire to something different and better.
   How they are going to get it is less clear than the fact
   that they want it. A party which received 8.4 million
   votes in 1967, 9.7 millions in the crushing defeat of 1968,
   and 5.7 millions on Sunday is a party which has
   passed its peak and is in decline. With the help of the
   French Constitution, the Gaullists may well manage
   to gather a new parliamentary majority around themselves after the final vote next Sunday. But even if
   they do, they cannot disguise the waning of their
   popularity.

The Guardian, (adapted)

Assemblée générale

LE MINISTÈRE

Premier ministre	Ministre de la Coopération
Ministre d'État, ministre de l'Intérieur	Ministre de l'Équipement
Garde des Sceaux, ministre de la Justice	Ministre de l'Agriculture
Ministre de la Défense	Ministre de la Qualité de la vie
Ministre des Réformes	Ministre du Travail
Ministre des Affaires étrangères	Ministre de la Santé
Ministre de l'Économie et des Finances	Ministre de l'Industrie
Ministre de l'Éducation	Ministre du Commerce et de l'Artisanat

Expansion

1. What are the counterparts in Britain of the French Cabinet Ministers listed opposite?

2. What are the practical advantages of the French system whereby
   a. elected members of the National Assembly name their successors at the time of election?
   b. the vote of an absent member counts *for* the Government?

3. Name a British equivalent (politically speaking) of the following French newspapers:
   l'Humanité, le Monde, le Canard Enchaîné, le Figaro, France-Soir.

4. How would the following be expressed in English:
   la Chine populaire, une politique monétaire, un ministère-clef, le pompidolisme, la majorité silencieuse, le nouveau style giscardien.

5. On se sert de plus en plus de sondages officiels pour déterminer le climat politique d'un pays. Quel est le pendant anglais de l'IFOP (Institut Français d'Opinion Publique)?

A discuter

a. Le système parlementaire français ressemble plus à celui des Etats Unis qu'au nôtre.

b. L'homme de la rue en France s'intéresse plus à la politique que nous autres Britanniques.

c. Les avantages d'une monarchie constitutionnelle comme la nôtre.

22

Nouvelle politique de l'immigration

De tous les problèmes auxquels sont quotidiennement confrontés les pays européens, celui de l'immigration recueille une attention particulière de la part des gouvernements intéressés. On vient de la voir à Rome où les représentants des dix-sept pays membres du Conseil de l'Europe ont défini les grandes lignes d'une politique communautaire en la matière.

Au moment où la construction de l'Europe sociale, qui a reçu au sommet de Paris son acte de baptême, va devenir effective, il est intéressant de rappeler la situation française actuelle et d'examiner la politique qu'entend mener, à cet égard, le gouvernement.

On estime actuellement à près de 3.700.000 personnes la population étrangère vivant sur le territoire français, parmi lesquelles on dénombre plus de deux millions de salariés (8% de la population active). Quatre nationalités comptent plus de 500.000 ressortissants: 810.000 Algériens, plus de 700.000 Portugais, 640.000 Espagnols (y compris les réfugiés politiques), 590.000 Italiens. On dénombre, en outre, une représentation importante de Marocains (200.000), Tunisiens (110.000), Polonais (95.000), Yougoslaves (70.000), Belges (65.000) et Turcs (20.000).

M. Edgar Faure qui, en tant que ministre des Affaires sociales, doit définir la politique gouvernementale en ce domaine, n'a pas mâché ses mots lors de la réunion de Rome. Pour lui le phénomène de l'immigration est d'abord d'origine économique. Mais il pose surtout des problèmes sociaux. *"L'économie,* a-t-il dit, *se débrouille sans penser au social. Elle fonctionne de façon utilitaire. C'est donc aux politiques qu'il appartient de doter les mécanismes économiques d'une conscience sociale."*

"Il ne s'agit pas, a dit M. Edgar Faure, *d'assimiler les immigrés mais de les insérer le mieux possible dans notre société. Si nous voulons qu'ils prennent notre passé, il faut qu'ils gardent le leur."*

Autre aspect enfin du programme élaboré par le ministre du Travail, celui du contrôle de la main-d'oeuvre étrangère et celui du logement.

Un projet de loi sur ce sujet doit être prochainement soumis à l'approbation du conseil des ministres. Il doit fixer notamment un certain nombre de règles en ce qui concerne le logement des immigrés. D'autres textes seront vraisemblablement élaborés dans les mois à venir.

Le Figaro

Exercises

1. Translate the extract into English.

2. Give an alternative French rendering of:
   il n'a pas mâché ses mots,
   la main d'oeuvre étrangère,
   les réfugiés politiques.

3. What adjectives are formed from the following nouns:
   gouvernement, société, ministre, loi, problème,
   origine?

4. You are a Customs official (*douanier*) taking down
   full particulars from an Algerian who has come to
   work in France. Write down the French conversation
   which took place. (200 words)

5. Translate into French:
   During the 19th century the population of many
   European countries increased rapidly, and the
   resulting over-population led to the emigration of
   thousands of people to the less crowded newer
   countries such as South Africa, Australia, Canada,
   and the United States.
   Emigration on this scale has now practically
   ceased. It has been replaced in the last few decades
   by a new movement of people—that of migrant
   workers from poorer countries to the richer
   European towns. While relieving many employment
   problems in our great cities, this huge influx of
   people poses at the same time several complicated
   social problems.

Section 2

Les étrangers en France

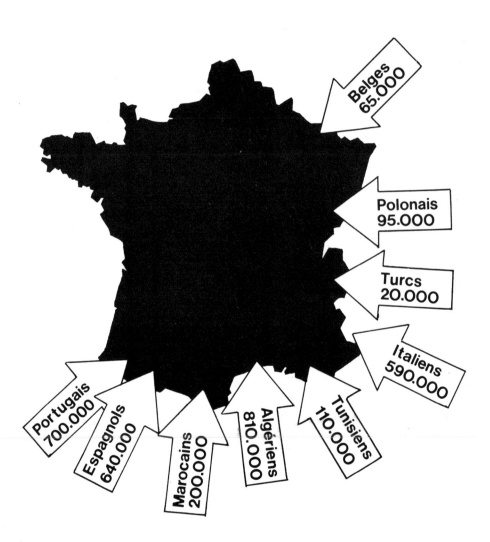

Expansion

1. Quel est le pays d'origine de chaque groupe d'immigrés?

2. Nommez quelques-unes des raisons pour lesquelles ces gens peuvent avoir quitté leur pays natal.

3. Pourquoi auraient-ils choisi la France?

4. Quelles ont été les causes principales des grandes migrations de gens par le passé?

5. L'immigration en France, comme en Angleterre, pose de nombreux problèmes sociaux, dont le plus grand semble être celui du logement. Quels autres problèmes y a-t-il? Comment les résoudre?

A discuter

a. Plus les races du monde sont mixtes, moins il y aura de guerres.

b. Celui qui souffre du mal du pays ne devrait pas émigrer.

c. Une économie en expansion attire la main d'oeuvre— mais que deviennent ces immigrés quand la crise économique commence à se faire sentir?

d. Il n'est pas toujours sage de quitter un beau climat pour un salaire plus grand.

e. Les expériences d'une famille de votre connaissance qui a émigré.

23 Le crime (ii)

Un industriel parisien assassiné par des cambrioleurs

Un industriel parisien, Monsieur X., a été mortellement blessé, dimanche après-midi, par des cambrioleurs qu'il avait surpris dans ses bureaux, avenue de l'Opéra.

Monsieur X, 52 ans, gérant de la compagnie, était rentré le matin même d'un voyage à l'étranger. Dans l'après-midi, vers 17 heures, il décida de quitter un moment son appartement, pour aller lire, à son bureau, le courrier arrivé en son absence, et pour aller reprendre sa voiture dans un box du quartier. L'un de ses cinq enfants, âgé d'une vingtaine d'années, et un neveu, l'accompagnèrent jusqu'à l'avenue de l'Opéra, et l'attendirent au drugstore voisin. Une heure plus tard, les deux jeunes gens s'impatientèrent et décidèrent de monter jusqu'au deuxième étage de l'immeuble où sont installés les bureaux de l'entreprise.

Ils ne parvinrent pas à pousser la porte de palier et décidèrent de passer par un escalier de service. Un moment plus tard, ils devaient découvrir le corps de l'industriel, affaissé devant cette porte d'entrée, qu'il bloquait. Monsieur X avait été violemment frappé à la tête, à l'aide d'un instrument lourd et contondant. Ses meurtriers? De toute évidence, des cambrioleurs.

Dans une pièce donnant sur le hall d'entrée, en effet, une armoire blindée avait été forcée au chalumeau, mais son contenu, des dossiers et des papiers d'affaires, n'avait pas intéressé les malfaiteurs qui s'étaient alors attaqués à un coffre-fort dont la porte présentait d'importantes traces d'effraction. L'arrivée de Monsieur X avait interrompu leur travail. Ils l'avaient alors assommé et s'étaient enfuis. Ce coffre d'ailleurs, ne contenait, d'après l'expert-comptable de la société, que des traites et une somme inférieure à 200 F.

Dans le long couloir qui traverse les bureaux de la maison de commerce, et conduit de la porte de service au hall d'entrée, on pouvait remarquer de nombreuses traces de sang, laissant supposer que l'industriel avait tenté, déjà blessé, d'échapper à ses agresseurs, en s'enfuyant par l'issue de secours. En fait, les policiers de la brigade criminelle, qui ont été chargés de l'enquête, ont établi que ces marques avaient été laissées par le corps de la victime, lorsque des gardiens le transportèrent pour lui donner les premiers secours.

Quand il fallut lui apprendre la nouvelle de ce crime, Madame X préparait une petite réunion de famille pour fêter, le soir même, le vingt-cinquième anniversaire de son mariage.

Le Figaro

Vocabulary

box (m) - garage
chalumeau (m) - appareil produisant un jet de flamme
cagoule (f) - sorte de bonnet percé à l'endroit des yeux
débit (m) - boutique
courtier (m) - agent

Exercises

1. Write a précis in English of the passage opposite (about 90 words)

2. What is the English equivalent of:
   une armoire blindée, une issue de secours, un instrument lourd et contondant, des traces d'effraction.

3. Express differently in French:
   ils ont été chargés de l'enquête,
   âgé d'une vingtaine d'années,
   d'après l'expert-comptable.

4. Imagine that you have discovered, while on holiday in France, what seems to be evidence of a criminal act. Write down in French what you would say in your report to the police. (200 words)

5. Translate into French:

Two gangsters attack accountant

A middle-aged accountant was the victim of a mysterious attack yesterday at his home in Nantes. At 7.15 when M. de Courcy had just returned home, there was a knock at the door. Suspecting nothing, he went to open it, and found two men waiting in the porch.

'Good evening. Are you by any chance M. de Courcy?' asked one of the men.

'Yes.'

Without another word, the taller of the two took a pistol out of his pocket and shot M. de Courcy several times. He was hit in the face and chest and fell heavily to the ground. His wife, hearing the shots, had come running in from the garden, and was also hit in the arm but not seriously hurt. The attackers made off immediately.

Some neighbours gave first aid and called an ambulance. So far the police have found no reason for this cowardly crime. The condition of M. de Courcy is said to be still critical.

Rubriques du crime

Grenades lacrymogènes au consulat de Turquie

A Cherbourg, l'ex-religieuse est accusée d'avoir détourné 702.000 francs

Les faux policiers cambriolaient les vieilles dames

Vol de voiture à main armée

Valise diplomatique US dans le Boeing détourné sur Cuba

Afflux de lettres piégées à Londres

Réclusion à perpétuité pour l'auto-stoppeur assassin

Le chantage à la bombe contre le «Queen Elizabeth

Troisième sabotage sur la voie ferrée à Goussainville

Le meurtrier d'un pompiste arrêté : son meilleur ami

Deux jeunes gens tués par la drogue à Marseille

TRENTE-TROIS TAPISSERIES ANCIENNES DÉROBÉES DANS UN MAGASIN-EXPOSIT

Métro incendié : une bouteille de gaz retrouvée sur la voie près de Porte d'Italie

Hold-up à la post

Assassin de sa grand-mère, on l'arrête quatre jours après son crime

Un incendie de trop pour le pompier pyromane

Pour 1 150 millions de F de drogue saisis en Thaïlande

Expansion

Among the headlines opposite you will find examples of:
BURGLARY, FRAUD, SABOTAGE, ARSON,
HIGHJACKING, USE OF TEAR GAS, MURDER,
DRUG OFFENCES, BLACKMAIL, THEFT,
EMBEZZLEMENT, LETTER BOMBS.

How would each headline appear in a British newspaper?

1. Quels sont les types de crime les plus répandus de nos jours?

2. Est-ce qu'il y a plus ou moins de crime qu'il y a cent ans?

3. Pensez-vous que la télévision joue un rôle dans la multiplication des crimes?

4. Est-ce que les prisons exercent un effet préventif sur les malfaiteurs?

5. Pour certains crimes, tels que l'assassinat de sangfroid, détournements d'avions etc, on a même proposé de ramener la peine de mort en Grande Bretagne. Qu'en pensez-vous?

6. L'enlèvement d'enfants et de personnages riches devient de plus en plus fréquent, surtout en Italie. Quel est le but de ce crime?

A discuter

a. On a beau faire bâtir de nouvelles prisons: il y aura toujours trop de criminels.

b. L'instinct de la vengeance se substitue souvent à l'idée de la justice . . . 'Celui qui a tué doit être tué.'

c. Faudra-t-il armer la police?

24
Relations franco-britanniques

L'allocution d'accueil du président de la République

A l'arrivée à l'Elysée M. Pompidou a adressé à la reine une allocution d'accueil disant notamment:

"Les rapports d'Etat ne peuvent ignorer les liens du coeur, mais ne se préservent de façon durable et ne se développent que dans l'action, et dans l'action en commun. Or, il se trouve que votre visite est particulièrement opportune, puisqu'elle se situe au moment où la Grande-Bretagne s'apprête à nous rejoindre au sein des Communautés européennes pour travailler, avec nous et avec d'autres, à donner à l'Europe la cohésion et la personnalité qui seules peuvent lui rendre sa place dans le monde. Après quelques hésitations, voire quelques difficultés, votre gouvernement et le nôtre ont choisi de conjuguer leurs efforts dans cette grande entreprise. En même temps, des réalisations ou des projets spectaculaires – je pense à l'avion "Concorde" ou au tunnel sous la Manche – sont là pour souligner l'importance technique, mais aussi psychologique, donc politique, que nous attachons également à une étroite coopération bilatérale.

Ainsi, votre visite n'est-elle pas simplement une marque d'amitié, mais le signe visible d'une volonté et d'une espérance réciproques."

a

La réponse de Sa Gracieuse Majesté

La reine s'exprimant en français avec un très léger accent a répondu notamment:

"Il y a quinze ans, en avril 1957, nous nous trouvions, mon mari et moi, dans ce même salon; c'était le début de notre première visite, dont nous gardons tant d'agréables et lumineux souvenirs. La France nous avait ouvert son coeur et nous avait séduits par sa courtoisie et ses charmes éternels. A cette époque, vous balanciez au seuil de la grande association européenne comme nous-mêmes aujourd'hui. C'est donc avec une satisfaction toute particulière que nous revenons vous voir, en cette heure décisive de notre propre histoire. Nous sommes de vieux amis qui se lancent ensemble dans une entreprise nouvelle."

Le Figaro

b

Exercises

1. Translate (a) into English.

2. In two or three short English sentences, give the substance of the Queen's reply. (about 30 words)

3. *Ainsi . . . n'est-elle . . .* Give examples (with English translation) of six other expressions that cause inversion of verb and subject.

4. Write an essay in French on the advantages and disadvantages of a Channel tunnel. (200 words)

5. Translate into French:

Replying on behalf of the Government, the Minister pointed out the disadvantages of adhering to fixed ideas when considering such an important innovation. He underlined the great commercial advantages that would accrue to both countries, and indeed to all the members of the Common Market from such an enterprise. The building of a Channel Tunnel, so often considered and subsequently shelved by other governments, was at last perhaps going to become a reality, and at a time when the European Community as a whole could best benefit from it. Never had the signs and portents been more favourable.

Concorde

Au cours des siècles, les relations franco-britanniques ont connu bien des changements—conquête, entente, guerre, alliance. Après bien des aventures, nous entrons enfin dans une période de coopération industrielle avec nos voisins. L'avion supersonique CONCORDE en est le premier résultat.

Expansion

1. Qu'est-ce que nous allons gagner de cette coopération?

2. Comme membres du Marché commun, nous nous engageons de plus en plus dans les affaires de l'Europe. Quels en seront les résultats?

3. La langue française a beaucoup influencé la nôtre depuis l'invasion normande de 1066. Est-ce que cette influence va recommencer? Nous faudra-t-il fonder une Académie Anglaise pour veiller sur notre langue?

4. Les Français, de leur côté, s'inquiètent déjà à cause de l'influence anglaise et américaine sur la pureté de leur langue. Qu'entendez-vous par le franglais?

5. Quelles différences y a-t-il entre le caractère d'un Anglais et d'un Français?

A discuter

a. Après une centaine d'années, tout le monde sera anglophone.

b. Le Marché commun a réduit les risques de guerre.

c. Les inconvénients d'un tunnel sous la Manche.

d. Le Concorde a franchi le mur du son. C'est du progrès?

25

Travaux publics

La centrale nucléaire de Saint-Valéry-en-Caux

ROUEN, 19 décembre. *(De notre envoyé spécial.)*

C'est au pied d'une falaise du pays de Caux, entre Saint-Valéry et Veules-les-Roses, que l'Electricité de France a choisi d'implanter sa prochaine centrale nucléaire, une géante puisque ses quatre "chaudières" permettront de produire trois milliards de kW-h. an. Le conseil général de la Seine-Maritime en a été informé hier par trois représentants de l'E.D.F. qui, pour une fois, ont été les orateurs de cette session.

Pourquoi cette centrale dans le pays de Caux? D'abord parce qu'il faut être en mesure de couvrir les besoins croissants en électricité de la région parisienne et de la haute Normandie. Celle-ci consommera à elle seule dix milliards de kW-h. à partir de 1985.

Ensuite, parce que l'électricité d'origine nucléaire, dont le prix de revient semblait proprement intolérable voilà dix ans, est aujourd'hui la moins chère. Enfin, parce qu'une centrale de la puissance – sans précédent en France – de celle qui est prévue près de Saint-Valéry, est appelée à rejeter des quantités considérables d'eau chaude, d'où la nécessité d'en prévoir le rejet en mer.

C'est d'ailleurs ce qui explique qu'une autre centrale sera par la suite implantée à Gravelines pour couvrir les besoins de la région industrialisée du Nord.

Celle de Saint-Valéry dont la construction commencera en 1974, produira ses premiers kW. en 1982, pour atteindre son régime normal en 1985. Elle utilisera la filière dite américaine. Soixante usines de ce modèle sont en service dans le monde et cent soixante-dix en construction ou en commande. Encore un chiffre: la centrale normande consommera 100 tonnes d'uranium par an; une centrale classique dévorerait 15 millions de tonnes de charbon.

Bien évidemment, les conseillers généraux ont parlé du rejet des affluents gazeux liquides et solides. Il a été précisé que les déchets rejetés en quantité très modeste (la technologie progressant très vite le volume des déchets radioactifs diminue d'année en année) ne constitueraient en aucun cas un danger pour les populations. On s'est préoccupé aussi des conséquences du rejet de grandes quantités d'eau chaude sur la flore et la faune marines.

Le docteur Peplat, président du comité de protection contre les rayonnements à l'E.D.F., a rassuré les riverains: aucune influence n'est à craindre. Les centrales nucléaires installées sur les rivages anglais et irlandais n'ont jamais permis d'observer la moindre modification de l'écologie.

Débat sans passion qu'un conseiller général conclut d'ailleurs en reprenant les récents propos de l'éminent physicien, M. Louis Leprince-Ringuet, condamnant ceux qui rédigent des pamphlets contre les centrales nucléaires "pour affoler délibérément le public".

Il faut préciser que les populations normandes sont pour l'heure fort calmes. Les seules protestataires qui se sont manifestés dans la région étant pour la plupart ceux qui ont déjà agi ou fait agir des opposants dans l'Ain, en Alsace, sinon dans la Manche.

Le Figaro

Vocabulary

régime (m) - débit, rendement
filière (f) - système

Exercises

1. Give the main points of this article in about 100 words (French or English.)

2. What is the English equivalent of:
   *les rayonnements, son régime normal, prix de
   revient, les riverains, la flore et la faune marines.*

3. Give a French definition of:
   *un comité de protection, un physicien, une région
   industrialisée.*

4. Write an essay in French of about 200 words on the main arguments for and against the use of nuclear power.

5. Translate into French:
Dear Sir,

   *Like many other people living in this part of
   Normandy, I am interested in the proposed nuclear
   power station to be built in the neighbourhood. I have
   no doubt that the Electricity Authority has received the
   usual number of protests in connection with pollution of
   the atmosphere and radiation. I am chiefly concerned
   about possible damage to the coastal waters, in view of
   the large amounts of very hot liquid waste that will be
   allowed to escape into the English Channel. Similar
   experiments on British and Irish shores have, I know,
   proved very successful, and the ecology of the area has
   not been affected. In spite of this, I would be glad if
   other people interested in fishing would join me in
   protesting against this new threat to our coastal waters.*
                      Yours faithfully,

La centrale nucléaire EDF3 à Chinon

Expansion

1. On a appelé les Centrales du Val de Loire 'Les châteaux du vingtième siècle'. Que pensez-vous de ce nom?

2. Partout en Europe, on se sert de plus en plus d'énergie atomique pour produire l'électricité. Quels sont les avantages de ce moyen de production?

3. Quelles autres sources d'énergie peut-on utiliser, pour générer 'la houille blanche'? Que veut dire 'houille bleue', 'houille d'or'?

4. Pourquoi faut-il qu'une enterprise telle qu'une centrale nucléaire soit publique? Quelles industries appartiennent le plus souvent au secteur public?

5. Pourquoi la concurrence n'est-elle pas à désirer quand il s'agit d'un service public, tel qu'offrent EDF, ORTF., Gaz de France, PTT etc?

A discuter

a. La science atomique a apporté autant de malheurs que de bienfaits aux hommes.

b. Imaginez le monde dans quelque centaines d'années, quand les gisements de charbon, de pétrole et de gaz seront épuisés.

c. On devrait étatiser certaines industries pour le bien de tous.

d. Bien des travaux publics ne peuvent plus fonctionner sans ordinateurs. Ces derniers menacent de nous priver à la longue de tout notre travail intellectuel.

26 La guerre

"Paix bâtarde"?

Une guerre a pris fin au Sud-Vietnam. Une autre, plus diffuse, plus politique, mais encore meurtrière, a peut-être déjà commencé.

Depuis dimanche, 8 heures (1h, heure de Paris) alors que les cloches de toutes les églises du Sud-Vietnam sonnant à la volée avaient annoncé le cessez-le-feu prévu par l'accord de paix signé solennellement la veille à Paris, de violents combats se déroulent sur toute l'étendue du territoire.

Ils devaient durer toute la journée de dimanche et de lundi, soit que les adversaires – Sud-Vietnamiens d'une part, Vietcongs et Nord-Vietnamiens d'autre part – cherchent à étendre les zones qu'ils contrôlent, soit encore qu'après dix ans de guerre il leur soit impossible d'en finir "sans bavures". Notre envoyé spécial Marcel Giuglaris a assisté à une des batailles de cette étrange paix. Mais cette guerre qui se prolonge n'implique plus les Américains.

Au Cambodge également, les combats ont repris quelques heures après la déclaration unilatérale d'un cessez-le-feu par le gouvernement du président Lon Nol. De source militaire, à Phnom Penh, on précise que des unités communistes non identifiées ont attaqué la ville de Tram Khnar, à 39 kilomètres au sud de la capitale.

Et la paix, la vraie, dans tout cela? Elle est en train de s'élaborer péniblement à Saigon avec les mêmes "bavures" que ce cessez-le-feu si mal appliqué. Des représentants du Nord-Vietnam et du GRP (Vietcong) sont en effet arrivés dans la capitale sud-vietnamienne pour siéger à la commission quadripartite chargée justement de faire respecter l'arrêt des combats.

Mais, et c'est là l'image de tout ce qui se passe au Sud-Vietnam, si les délégués d'Hanoi ont débarqué sans encombre à l'aéroport de Saigon, il n'en fut pas de même avec ceux du Vietcong. En effet, pendant plus de vingt heures, vingt d'entre eux sont restés bloqués, la nuit dernière, dans leur avion: ils se refusaient de se plier aux formalités de douane, estimant que cela équivaudrait à reconnaître sans partage la souveraineté des autorités saigonaises. Il a fallu diverses démarches de diplomates étrangers pour que le gouvernement sudvietnamien renonce à leur imposer les formalités d'immigration.

Cet incident révélateur, ces combats qui n'en finissent pas préfigurent les soubresauts de la "paix bâtarde" qui s'instaure au Vietnam. Certains s'en inquiètent. Ainsi le gouvernement chinois a lancé un appel – remarquable en cela qu'il paraît mettre sur un même pied les responsabilités d'Hanoi et de Saigon dans la poursuite des accrochages – demandant aux quatre signataires d'appliquer l'accord avec "sérieux".

France-Soir

Vocabulary

sans bavures - d'une manière nette et précise
soubresaut (m) - émotion subite
accrochage (m) - incident

Exercises

1. Translate the article into English.

2. Explain in French the meaning of:
un cessez-le-feu, les formalités d'immigration, une déclaration unilatérale, une démarche de diplomates.

3. What nouns do you associate with the following verbs:
étendre, contrôler, représenter, respecter, arrêter, appeler, poursuivre, reconnaître.

4. Le service militaire obligatoire, du point de vue de la jeune recrue. Discutez. (200 mots)

5. Translate into French:
This morning the cease-fire came into force in Vietnam. Or did it? It is eight o'clock on Sunday morning on the road leading to Cambodia, about 53 Km from Saigon. Soldiers from a unit of South Vietnamese armoured cars are listening to President Nixon's radio message to the American forces in Vietnam:
'At this moment there begins a new era of peace for the whole world.' Three minutes later there is an explosion. A truck is blown up and some houses destroyed in a great deal of black smoke. The armoured cars start up their engines and advance a few metres. Then, as planes come swooping low over the road, everyone leaps for the ditch. The war has been over for ten minutes.

Cessez-le-feu à volonté

CESSEZ-LE-FEU A VOLONTÉ

*Bulldozers vietnamiens :
ils nettoient
les maquis
et les bois
où se camoufle
le Vietcong.
A droite et ci-dessous,
les cadres
et les milices
communistes
dans leurs secteurs.
Les Nord-Vietnamiens
tentent d'infiltrer
des civils au Sud
pour augmenter
le nombre
de leurs hameaux.*

Valeurs Actuelles 1973

Expansion

1. Quelles ont été les raisons principales pour lesquelles les nations du passé ont fait la guerre les unes aux autres?

2. Pourquoi est-ce qu'on cherche maintenant à tout prix à éviter la guerre?

3. Existe-t-il toujours une alternative à la guerre?

4. Pourquoi a-t-il été si difficile de mettre fin à la guerre au Vietnam?

5. Les photographies ont été prises après le cessez-le-feu. Qu'est-ce qu'elles représentent?

6. Quelles circonstances ont rendu si difficile le contrôle du cessez-le-feu?

7. Quand un pays a été envahi, et que la guerre est finie, quelles conditions est-ce qu'on s'attend à y trouver?

8. Pourquoi la guerre civile est-elle pire que toute autre guerre?

9. Que pensez-vous du point de vue d'un objecteur de conscience?

10. Pourquoi le 14 juillet est-ce le jour de la Fête Nationale en France?

A discuter

a. Avec le temps, l'homme devient de moins en moins belliqueux.

b. La bombe à hydrogène a rendu la guerre inutile.

c. Le gouvernement britannique dépense bien trop d'argent pour la défense du pays.

27

Cyclisme

LAIGUEGLIA, lundi. "A part Eddy Merckx, le cyclisme actuel ne connaît pas de véritable champion."

Ce propos de Girardengo, l'ancien campionissimo, avant le départ du Grand Prix de Laigueglia dont il était, à quatre-vingts ans, l'invité d'honneur, pouvait paraître exagérément sévère. Mais, quatre heures plus tard, on se demandait si le vieux champion n'avait pas raison.

La victoire de Merckx à Laigueglia est, en tout cas, un terrible argument. Cette victoire a, une fois de plus, stupéfié tous ceux qui étaient venus assister à la rentrée du recordman de l'heure, en même temps qu'elle a rabaissé ses adversaires.

Il faut toujours se méfier d'un Merckx qui se dit souffrant ou en condition incertaine. Ses adversaires l'ont souvent appris à leurs dépens. Et l'on a aussi souvent dit que le champion belge cachait son jeu. Tout ceci est vrai. Cependant, en la circonstance, à Laigueglia, Merckx n'était assurément pas, au départ, l'homme préparé pour remporter une victoire.

Eddy a rejoint le camp d'entraînement de Marina di Carrare seulement en début de semaine. Il n'a effectué que trois sorties d'entraînement. Avec les quelques centaines de kilomètres couverts dans la région bruxelloise avant de participer aux Six Jours de Rotterdam dont il devait sortir douloureusement blessé à la selle, il estimait n'avoir que deux mille kilomètres dans les jambes.

"C'est à peu près la moitié du kilométrage avec lequel je débute ma saison routière. Si la guérison de ma blessure m'a rassuré sur mon état de santé, je ne le suis pas en ce qui concerne la forme. Je suis venu ici pour m'entraîner. J'en ai besoin après trois semaines d'inaction forcée", m'avait dit Eddy Merckx avant le départ.

D'ailleurs, son attitude, son comportement dans la course, devaient le montrer comme un de ces nombreux routiers qui pédalent sans autre ambition que de suivre dans les roues. Traînant en queue de peloton, Merckx m'avait lancé au passage, avec un large sourire, tandis que la course languissait sous un vent frais et violent:

"Quel vent! C'est dur, même dans les roues."

Apparemment, Merckx s'accommodait de cette aimable promenade sur les contreforts du Piémont. Et puis, quand l'énorme peloton a dévalé vers le rivage méditerranéen, après avoir laissé derrière lui Guimard tout sanguinolent d'une chute plus douloureuse que grave, on annonça que Merckx venait de passer au commandement.

Un nouveau bond pour s'intégrer à une échappée menée par son rival déclaré, de Vlaeminck, le Danois Mortensen et trois Italiens: Vianelli, Mingardi, Bergamo et Merckx dans un sprint puissant remporta la plus inattendue des victoires.

"Je suis le premier surpris. Je me suis désintéressé de la course jusqu'à 5 kilomètres de l'arrivée. Là, comme je ne me sentais pas mal, j'ai forcé un peu" m'a expliqué Merckx avec une simplicité nullement feinte. "Mais je ne suis qu'à 50% de mon rendement", ajoutait-il.

France-Soir

Vocabulary

campionissimo - champion
peleton (m) - groupe principal (de concurrents)
s'accommoder de - se résigner à
échappée (f) - (groupe qui fait) un effort soudain

Exercises

1. Why, briefly, in English, was Merckx not expected to win at Laigueglia? (100 words)

2. Give an English equivalent for:
   le champion belge cachait son jeu,
   Merckx venait de passer au commandement,
   avoir deux mille kilomètres dans les jambes.

3. Put into reported speech the paragraph beginning:
   'C'est à peu près la moitié . . . '

4. Le mercantilisme joue un rôle trop grand dans le sport contemporain. Discutez. (250 mots)

5. Translate into French:
   To become a champion in any sport demands qualities of character which are not too difficult to find, for example single-mindedness, determination, and persistence. Many people, even some who started with a great handicap like polio, have reached the goal they set themselves, a Gold medal in the Olympic Games, for the sheer satisfaction of overcoming difficulties.

   The real test of character comes when the goal is reached. We have all seen the effect of success and public adulation on young footballers, boxers, pop singers, when exposed too much on the mass media, and indeed one would need to be superhuman to remain completely unaffected.

Le circuit de Monaco

France-So

AUTOMOBILE ━━━━━━━━━━

Le nouveau visage du circui
de Monaco

CIRCUIT DE
MONACO
1973
(3278 m.)

S I, de l'avis de tous les pilotes, le Grand Prix de Monaco, qui se disputera dimanche, est le plus beau, celui que chacun souhaite accrocher à son palmarès, en revanche le circuit sur lequel il se dispute n'a pas toujours fait l'unanimité.

A plusieurs reprises, en effet, la sécurité fut mise en cause et notamment après l'épingle du Gazomètre où les stands de ravitaillement donnaient directement sur la piste.

L'année dernière d'ailleurs, les organisateurs avaient aménagé une piste de décélération pour éviter les risques de collision entre les voitures en course et celles arrêtées à leurs stands. Solution provisoire qui ne pouvait à long terme satisfaire aux exigences de la Commission Sportive Internationale. Il fallait donc trouver autre chose, redessiner en partie le circuit. La place étant comptée sur les quais du port, cette éventualité impliquait qu'il fallait gagner du terrain sur la mer, construire sur l'eau. Devis approximatif des travaux : sept à huit millions de francs.

Les responsables de l'A.C Monaco mirent un moment à se décider. Le 19 février, le feu vert était cependant donné et une entreprise spécialisée commençait à immerger sur les fonds du port toute une série de caissons destinés à supporter la nouvelle piste. Parallèlement, la construction d'un hôtel obligeait à détruire le fameux tunnel du Tir-aux-Pigeons et à en rebâtir un autre.

Comme on peut le constater sur notre plan, le nouveau tunnel est beaucoup plus long que l'ancien, mesurant 390 mètres au lieu de 190. La modification la plus importante, celle qui va rendre le circuit de Monaco encore plus sélectif qu'avant, se situe toutefois le long du port.

Alors qu'autrefois la piste allait pratiquement tout droit, du tabac au gazomètre, maintenant elle oblique un peu avant le tabac vers le port, contourne la piscine et vient former une épingle autour du restaurant dit de « La Rascasse »

Cela ne représente que 180 mètres de bitume supplé-mentaires qui portent désor mais le développement du ci cuit à 3.278 mètres. Mais ce 180 mètres sont émaillés d quatre virages serrés, d'un grande courbe et d'une éping qui devraient coûter 2" à 2" au tour. On en aura la confir mation cet après-midi même lors de la première séanc d'essais.

Hormis son côté sélectif, l nouveau tracé a également per mis d'aménager une piste d décélération présentant toute la sécurité souhaitée et l'implan tation de tribunes offrant prè de 10.000 nouvelles place assises Des places qui seron cependant encore insuffisante pour recevoir tout le public attendu et le Grand Prix d Monaco, cette année comme le autres, se disputera encore à guichets fermés.

Expansion

1. Pourquoi l'ancien circuit de Monaco n'était-il plus acceptable aux concurrents?

2. Quels étaient les risques qu'on y courait?

3. Faute de terrain entre la ville et la mer, qu'est-ce qu'il a fallu faire pour rebâtir la piste?

4. Qu'est-ce qu'elle offre de nouveau, (a) aux concurrents, (b) aux spectateurs?

5. De tous les sports: football, rugby, hockey sur glace, tennis, boxe, athlétisme, escrime, cyclisme, natation, canotage, basket, courses sur route, etc., lequel préférez vous? Pourquoi?

6. Vous intéressez-vous aux pronostics hippiques? Pensez-vous que les Anglais dépensent trop d'argent à la poursuite des jeux de hasard?

7. Qu'est-ce qu'il faut faire, pour que la violence parmi les spectateurs ne nous enlève à jamais le plaisir du football?

A discuter

a. Les concours internationaux tels que les Jeux Olympiques ne stimulent pas toujours l'amitié entre les nations.

b. Grâce à la télévision, nous perdons peu à peu notre intérêt personnel au sport.

c. Le professionnalisme a donné le coup de grâce à l'esprit sportif.

d. La marche est le plus beau des sports.

Acknowledgements

We are grateful to the following for permission to reproduce copyright material:
British Airways for an extract from Form 'BA Safety Instructions to Passengers'; The Director of Publications for the Department of the Environment for extracts from the 'Highway Code' (c) Crown Copyright; Le Figaro for extracts from articles in 'Le Figaro' 10th November, 1972, 19th July, 1972, 29th November, 1972, 10th November, 1972, 16th May, 1972, 20th December, 1972 and 6th April, 1972; The French Government Tourist Office for Map, Chart and Key from pamphlet on 'Corsica'; L'Humanité for an extract from 'L'Humanité' 11th October, 1972; Librairie Hachette for an extract from the Geography textbook (1st Year Intermediate Course) by L. François and M. Villin published by Librairie Hachette; Librairie Larousse for an extract from 'Nouveau Petit Larousse Illustré'; Commissariat Général du Tourisme for an extract from the pamphlet 'Routes de France'; Le Parisien Libéré, Paris, for an extract from 'Le Parisien' 11th October, 1972; Scoop for extracts and diagram from 'Elle' no. 1395 and various extracts from 'France-Soir' 11th October, 1972, 13th February, 1973, 13th November, 1973, 24th April, 1973, 15th August, 1973, 30th January, 1973, 23rd January, 1973, 6th April, 1973, 20th February, 1973 and 1st June, 1973; Régie Autonome des Transports Parisiens for an extract from 'Paris by Bus, Metro and RER 1972'.
Graph 'Le poids idéal' which appeared in 'Elle' 1972.
Photographs: French Embassy, pages 72, 96 and 100; Keystone, page 84; NASA, page 40 below; Novosti Press Agency, page 40 above and Snark International, pages 48 and 80.

Longman Group Limited
London

Associated companies, branches and representatives throughout the world

First published 1975
Second impression 1978
ISBN 0 582 35902 3

Printed in Hong Kong
by Hong Kong Printing Press (1977) Ltd